江西财经大学财税与公共管理学院
尚公文库

季俊杰 ◎ 著

中国高校贫困生就业问题研究

尚公文库

中国财经出版传媒集团
经济科学出版社
Economic Science Press

图书在版编目（CIP）数据

中国高校贫困生就业问题研究/季俊杰著.—北京：经济科学出版社，2020.11
ISBN 978-7-5218-2038-6

Ⅰ.①中… Ⅱ.①季… Ⅲ.①高等学校-特困生-就业-研究-中国 Ⅳ.①G647.38

中国版本图书馆 CIP 数据核字（2020）第 213581 号

责任编辑：顾瑞兰
责任校对：王苗苗
责任印制：邱 天

中国高校贫困生就业问题研究

季俊杰 著

经济科学出版社出版、发行 新华书店经销
社址：北京市海淀区阜成路甲 28 号 邮编：100142
总编部电话：010-88191217 发行部电话：010-88191522
网址：www.esp.com.cn
电子邮箱：esp@esp.com.cn
天猫网店：经济科学出版社旗舰店
网址：http://jjkxcbs.tmall.com
固安华明印业有限公司印装
710×1000 16 开 10.25 印张 170000 字
2020 年 11 月第 1 版 2020 年 11 月第 1 次印刷
ISBN 978-7-5218-2038-6 定价：55.00 元
（图书出现印装问题，本社负责调换。电话：010-88191510）
（版权所有 侵权必究 打击盗版 举报热线：010-88191661
QQ：2242791300 营销中心电话：010-88191537
电子邮箱：dbts@esp.com.cn）

总　序

习近平总书记在哲学社会科学工作座谈会上指出，一个国家的发展水平，既取决于自然科学发展水平，也取决于哲学社会科学发展水平。坚持和发展中国特色社会主义，需要不断在理论和实践上进行探索，用发展着的理论指导发展着的实践。在这个过程中，哲学社会科学具有不可替代的重要地位，哲学社会科学工作者具有不可替代的重要作用。

习近平新时代中国特色社会主义思想，为我国哲学社会科学的发展提供了理论指南。党的十九大宣告："经过长期努力，中国特色社会主义进入了新时代，这是我国发展新的历史方位。"中国特色社会主义进入新时代，意味着近代以来久经磨难的中华民族迎来了从站起来、富起来到强起来的伟大飞跃。新时代是中国特色社会主义承前启后、继往开来的时代，是全面建成小康社会、进而全面建设社会主义现代化强国的时代，是中国人民过上更加美好生活、实现共同富裕的时代。

江西财经大学历来重视哲学社会科学研究，尤其是在经济学和管理学领域投入了大量的研究力量，取得了丰硕的研究成果。财税与公共管理学院是江西财经大学办学历史较为悠久的学院，学院最早可追溯至江西省立商业学校（1923年）财政信贷科，历经近百年的积淀和传承，现已形成应用经济和公共管理比翼齐飞的学科发展格局。教师是办学之基、学院之本。近年来，该学院科研成果丰硕，学科优势凸显，已培育出一支创新能力强、学术水平高的教学科研队伍。正因为有了一支敬业勤业精业、求真求实求新的教师队伍，在教育与学术研究领域勤于耕耘、勇于探索，形成了一批高质量、经受得住历史检验的成果，学院的事业发展才有了强大的根基。

为增进学术交流，财税与公共管理学院推出面向应用经济学科的"财税文库"和面向公共管理学科的"尚公文库"，遴选了一批高质量成果收录进两大文库。本次出版的财政学、公共管理两类专著中，既有资深教授的成果，也有年轻骨干教师的新作；既有视野开阔的理论研究，也有对策精准的应用研究。这反映了学院强劲的创新能力，体现着教研队伍老中青的衔接与共进。

繁荣发展哲学社会科学，要激发哲学社会科学工作者的热情与智慧，推进学科体系、学术观点、科研方法创新。我相信，本次"财税文库"和"尚公文库"的出版，必将进一步推动财税与公共管理相关领域的学术交流和深入探讨，为我国应用经济、公共管理学科的发展做出积极贡献。展望未来，期待财税与公共管理学院教师，以更加昂扬的斗志，在实现中华民族伟大复兴的历史征程中，在实现"百年名校"江财梦的孜孜追求中，有更大的作为，为学校事业振兴做出新的更大贡献。

江西财经大学党委书记

2019 年 9 月

前　言

本书以就业理论为指导，辅之以教育学、经济学、管理学等学科理论与研究方法，同时结合相关调查，对我国高校贫困生就业的质量水平、收支状况、减贫效应、帮扶机制、危机应对及其创业状况进行了多方面的分析，并提出了相关政策建议，以促进高校贫困生就业创业工作的精准施策与创新。

本书内容共分七章。

第一章，绪论。介绍本书的研究背景与意义、研究现状、研究方法等。

第二章，基本概念与理论基础。介绍本书所涉及的基本概念及重要理论。

第三章，高校贫困生就业的质量水平及其异质性。本章基于江西省六所高校的调查案例，以高校贫困生就业质量的外部异质性和内部异质性分析为主线，测度贫困生群体和亚群体的就业质量水平，总结贫困生低质量就业成因与高质量就业经验，最后提出贫困生就业质量提升措施。

第四章，高校贫困生就业的收支状况及其减贫效应。高校贫困生就业状况关乎家庭经济减贫效应，一直备受各界人士关注。本章以江西省五所高校为案例，对高校贫困生初次就业的收支状况及其对家庭经济的减贫效应进行了实地调研和测度，力求从实证层面检验以往关于高等教育经济反贫困功能的认知，最终实现研究范式从定性到定量、从规范到实证的创新。

第五章，高校贫困生就业扶助机制的运行及其优化对策。帮扶高校贫困生就业是高校就业和扶贫工作的重要内容。本章以典型案例调查为基础，对现行高校贫困生就业扶助机制的运行状况、成效、问题和成因展开分析，并提出就业扶助机制完善方案，以提升高校贫困生就业水平。

第六章，高校贫困生就业危机的应对机制构建。经济周期和重大突发事件会导致高校贫困生的就业危机，因此，制定和完善相关应对机制是稳定高校贫困生就业状况的重要保障。本章以2008年国际金融危机、经济新常态和2020年新冠肺炎疫情为案例，探讨重大突发事件对高校贫困生就业的冲击，然后分析高校贫困生就业危机的应对机制，以缓解经济周期和特殊事件对高校贫困生就业的冲击。

第七章，高校贫困生创业的动机、模式与成效。创业是高校贫困生解决自身就业问题、带动社会就业的重要途径。近年来，随着"双创"热潮的兴起，许多高校贫困生也投身创业。基于此，本章以国内六所高校为调研案例，探究高校贫困生创业的模式与成效，在此基础上，探索以经济资助为基础、多种帮扶手段并举的创业扶助机制构建方案，以提升高校贫困生创业的成效。

第八章，结论、创新与展望。总结本书的主要发现、创新和不足，并指出后续研究的方向。

本书是笔者近年来关于高校贫困生就业问题的系列研究成果的总结和更新，具有较强的创新性和探索性，可供高等教育管理者、高等教育研究人员、相关专业的师生和研究者，以及广大从事和关心大学生就业工作和教育扶贫工作的社会各界人士阅读。

季俊杰

2020年8月

目 录

第一章 绪论 (1)
    第一节 研究背景 (1)
    第二节 研究意义 (2)
    第三节 文献综述 (4)
    第四节 研究方法 (20)

第二章 基本概念与理论基础 (22)
    第一节 基本概念 (22)
    第二节 理论基础 (29)

第三章 高校贫困生就业的质量水平及其异质性 (47)
    第一节 大学生就业质量评价体系构建 (48)
    第二节 调查方案与样本信息 (56)
    第三节 高校贫困生就业质量的外部异质性分析 (58)
    第四节 高校贫困生就业质量的内部异质性分析 (64)
    第五节 政策建议 (68)

第四章 高校贫困生就业的收支状况及其减贫效应 (71)
    第一节 调查方案与样本信息 (72)
    第二节 高校贫困生就业的收支状况 (76)
    第三节 高校贫困生就业的家庭经济减贫效应 (80)

第四节　高校贫困生就业减贫效应的异质性分析 …………… (83)
　　第五节　政策建议 ………………………………………………… (85)

第五章　高校贫困生就业扶助机制的运行及其优化对策 ……… **(86)**
　　第一节　调查方案与样本信息 …………………………………… (86)
　　第二节　高校贫困生就业扶助机制的现状与成效 …………… (90)
　　第三节　高校贫困生就业资助机制问题 ………………………… (94)
　　第四节　政策建议 ………………………………………………… (97)

第六章　高校贫困生就业危机的应对机制构建 …………………… **(102)**
　　第一节　经济周期和重大突发事件对高校贫困生就业的影响 …… (102)
　　第二节　当前大学生就业危机的应对措施及其不足 …………… (106)
　　第三节　高校贫困生就业危机应对机制的构建方案与可行性 …… (107)

第七章　高校贫困生创业的动机、模式与成效 …………………… **(116)**
　　第一节　在校大学生创业的多元动机与行为特征 ……………… (117)
　　第二节　高校贫困生创业的模式与成效 ………………………… (124)
　　第三节　政策建议 ………………………………………………… (133)

第八章　结论、创新与展望 ………………………………………… **(138)**
　　第一节　研究结论 ………………………………………………… (138)
　　第二节　研究创新与展望 ………………………………………… (142)

参考文献 …………………………………………………………………… **(144)**

后记 ………………………………………………………………………… **(155)**

第一章

绪 论

第一节 研究背景

就业是最大的民生。近年来,随着高校毕业生人数的增长,大学生就业压力与日俱增。而作为弱势群体的高校贫困生,其群体规模大、人力资本含量高,但由于经济资本和社会资本的匮乏,他们比普通大学生面临着更加严峻的就业挑战,其就业问题能否得到妥善解决,不但直接关乎广大高校贫困生的福祉,也关系到教育公平、就业公平和精准扶贫成效,因而深受社会各界关注。为解决该问题,多年来尤其是精准扶贫战略实施以来,高校、政府与社会各界积极合作,通过完善就业机制、加强校企合作、提升培养质量、加大资助力度等措施,高校贫困生的就业状况总体上已有了显著改善。

高校贫困生就业问题也是学界研究的热点问题。在中国知网中检索发现,以"贫困生就业"为篇名的研究文献有四百多篇,其内容涉及高校贫困生就业状况、就业心理、就业竞争力、就业困境成因、就业对策和就业援助等多个方面。然而,上述研究偏重理论分析和经验分析,缺乏对高校贫困生就业质量、就业收支状况与减贫效应、就业扶助机制、就业危机应对机制、创业模式与成效等问题的深入调研和量化分析,影响了研究结论的精确性和实践指导意义。

与普通大学生相比,高校贫困生就业问题的特殊性在于其家庭经济困难,所以高校贫困生就业可以视为一种高等教育反贫困手段,其首要功能在于促进本人及其家庭减贫脱贫；此外，高校贫困生在劳动力市场处于弱势地位，其就业过程中除了面临一般性问题外，还可能遭遇不公平待遇。基于此，本书将促进教育扶贫成效和就业公平作为两大研究目标。

围绕上述研究目标，本书探讨的系列问题具有内在的逻辑性：首先，厘清高校贫困生就业的基本状况是开展高校贫困生就业研究的前提，而就业质量是对高校贫困生就业状况的集中反映，所以本书的开篇将探究高校贫困生就业质量及其异质性问题，从而为后续研究奠定事实基础。其次，贫困大学生高质量就业的首要目的是实现个人和家庭脱贫，同时也是检验高等教育反贫困功能的重要方式。因此，本书将考察高校贫困生就业的家庭经济减贫效应，以此反映高等教育的社会功能和扶贫成效。为了提升贫困生就业质量，保障教育扶贫成效和就业公平，就应建立和完善就业扶助机制和重大就业危机应对机制。最后，作为高校贫困生就业途径的补充和升级，探究和改进高校贫困生的创业模式与成效也是保障教育扶贫成效和就业公平的重要方式。基于此，本书将以"就业质量——就业收支状况和减贫效应——就业扶助机制——就业危机应对机制——创业模式与成效"为主线，分别对高校贫困生就业的现实状况、社会功效、救助措施和补充形式等一系列问题加以考察，并将其置于"中国高校贫困生就业问题研究"的主题下加以整合，一方面运用实证调查和量化统计方法，深入考察各类就业问题的现状，总结其成绩，查找其不足及成因，另一方面运用规范研究方法，积极探索和论证各类改革方案，以推进相关理论研究和实践工作。

第二节　研究意义

本书将对高校贫困生就业的系列重要问题进行研究，对于深化高校贫困生就业问题的理论认知、提升高校贫困生就业质量和高校就业工作成效、推进精准就业扶贫战略实施、促进教育扶贫成效和就业公平都具有一定的现实意义和理论价值。

一、理论意义

本书对于完善大学生就业理论和反贫困理论、深化高校贫困生问题研究都具有一定的理论价值,具体来说,主要体现在以下几点。

第一,目前学术界对大学生就业质量的研究颇丰,但针对贫困大学生这一特殊群体的就业质量的系统研究较少。因此,本书对于高校贫困生就业质量及其异质性的分析,有助于厘清高校贫困生就业质量现状,完善教育经济学的大学生就业理论,深化贫困生就业问题研究,促进劳动经济学的就业理论研究。

第二,目前学术界对高校贫困生就业减贫效应的研究很少,本书对高校贫困生初次就业收支状况及其家庭经济减贫效应的分析,可以拓宽高校贫困生就业问题的研究视角,为高等教育反贫困功能和收益理论的发展提供实证材料,丰富经济学和社会学所共同关注的反贫困研究。

第三,本书关于高校贫困生就业扶助机制的分析,以经济资助措施为主要分析对象,在一定程度上可以改变相关研究中以非物质支持方式为主的研究面貌,拓宽高校贫困生就业扶助研究的问题领域,为高校贫困生就业的经济支持工作提供了理论支持。

第四,本书关于高校贫困生就业危机应对机制的研究,探究了应对经济周期和重大突发事件的高校贫困生就业资助机制的基本原理、构建方案和可行性,具有较强的创新性,丰富了大学生就业管理理论和危机应对管理理论的内容。

第五,以往对高校贫困生问题的研究,主要集中在学生资助和就业两方面,对于其创业问题的专项研究很少,本书对高校贫困生创业模式与成效进行分析,有助于完善高校创业教育理论,丰富大学生创业理论研究内容,拓宽高校贫困生问题研究的边界。

二、实践意义

本书从现实出发,具有较强的问题意识,其研究成果具有以下实践意义。

第一,本书对高校贫困生就业质量及其异质性的分析,有助于了解高校贫困生就业质量状况,为劳动保障部门以及高校提供科学的就业质量监测信息和数字化管理信号。同时,本书构建的大学生就业质量评价体系和贫困生高质量就业保障体系,可为高校和就业管理部门提供一套切实可行的就业质量评价工具,为制定科学的就业指导方案与就业政策提供决策参考,有助于提升高校贫困生就业质量，促进教育扶贫成效和就业公平。最后，本书对于高校贫困生就业质量异质性的分析，还可为高校贫困生制定就学就业策略提供借鉴。

第二，本书关于高校贫困生就业减贫效应的分析，有助于明确高等教育的经济收益和反贫困功能，为国家和个人进行高等教育投资提供参考依据，也可为我国教育扶贫和就业扶贫的成效评估与制度完善提供决策支持。同时，为"寒门子弟读书是否无用"以及"因教致贫"还是"因教脱贫"等一系列社会敏感问题提供实证依据。最后，本书还有助于提升高校贫困生就业减贫效应，促进高校办学和就业策略优化。

第三，本书关于高校贫困生就业扶助机制的考察，有助于明确高校贫困生就业扶助机制的运行现状、成效和问题，为高校就业扶助机制改革提供参考方案，提升高校就业帮扶工作成效，改善高校贫困生就业质量。

第四，本书关于高校贫困生就业危机应对机制的分析，有助于构建高校贫困生就业工作的应急指导方案，增进高校就业工作机制的稳定性和灵活性，缓解经济下行和重大突发事件对高校就业工作的冲击，切实维护高校贫困生的就业权益，促进非常时期的社会稳定和经济复苏。

第五，本书关于高校贫困生创业模式与成效的调研，有助于明确高校贫困生创业状况，提升高校贫困生创业成效，推动"造血"式扶贫，同时也可为高校创业教育与资助工作培育新的方向和亮点，为传统的高校就业工作开辟一条新途径，有助于实现"以创业带动就业"的政策目标。

第三节 文献综述

高校贫困生就业问题研究是统摄全书的研究主题，其下包括对高校贫困生就业质量、就业收支状况和减贫效应、就业扶助机制、就业危机应对机制和创业状况五大具体问题的研究。因此，本书将相关研究分解为五类，即高校贫困生就业质量研究、高校贫困生就业收支状况和减贫效应研究、高校贫困生就业扶助机制研究、高校贫困生就业危机应对机制研究和高校贫困生创业研究，分别加以考察。

一、高校贫困生就业质量研究

本书第三章旨在探究高校贫困生的就业质量问题。与该问题相关的文献主要包括就业质量研究和高校贫困生就业问题研究两类。

（一）就业质量研究

就业质量最初源自国际劳工组织（1999）的"体面劳动"概念。此后，国外学界对就业质量进行多种诠释，但侧重点不同。如梅奥（Mayo，1993）认为，就业质量包括就业者的工作效率、薪酬激励等；欧盟（2001）提出，"工作质量"包括工作特征、工作匹配度、劳动者主观评价等指标；施罗德（Schroeder，2007）提出，高质量就业是"劳动者既能获得生活所需的薪酬，又能获得满足感"。这些概念成为就业质量研究的理论渊源。在贫困生就业扶助方面，西方国家由于劳动力市场成熟和就业制度完善，贫困生就业通常放在一般就业理论下解释，并纳入"促进低收入群体就业"的政策框架管理。其中，帕森斯（Frank. Parsons，1908）的职业指导论、彼得·多林格尔（P. B. Doeringer，1966）的"双重劳动力市场模型"、三大国际组织（UN/WB/ILO，2000）的"4E"就业政策，以及美国的"社区经济发展计划"和《复苏与再投资法案》（2009）等，为理解和解决我国贫困生就业问题提供了全局性的理论解释和政策视野。

国内相关研究始于20世纪末。2004年，提高就业质量首次被纳入政府工作目标，其后我国学者从经济学、公共管理、社会学和教育学等多学科视角出发，对其进行了广泛探索。其内容可概括为以下四类。

第一，宏观研究。主要关注就业质量与宏观经济增长的关系、劳动者整体就业状况、宏观就业环境建设等内容要素。蔡昉发现，计划体制下行政级别、政治面貌等因素影响就业质量，而市场体制下高教育水平利于就业质量提升。[①] 周平认为，就业质量宏观上一般用就业率、平均工资等统计数据反映。[②] 刘素华从劳动报酬与时间等10方面总结了我国就业质量的问题。[③] 此外，探

[①] 蔡昉. 劳动力流动对市场发育、经济增长的影响 [J]. 人口世界，2000（6）.
[②] 周平. 谈如何提高就业质量 [J]. 中国培训，2005（3）.
[③] 刘素华. 建立我国就业质量量化评价体系的步骤与方法 [J]. 人口与经济，2005（6）.

讨的命题还包括：非正规就业的收入水平①、问题与对策②；就业质量与经济增长质量的互动③、政策取向与就业质量变动④；就业质量与就业数量的关系；就业质量与国家发展转型⑤；就业质量与产业升级⑥等。

第二，微观研究。这部分研究关注与劳动者个体就业状况相关的内容要素。国富丽认为，就业质量微观上反映劳动者个人工作优劣度，广义上还包括就业前劳动力市场服务水平，以及退休后待遇等整个就业过程。⑦马庆发认为，就业质量可概括为职业身份、工资水平、社会保障水平、职业发展空间四方面。⑧苏丽峰选用15个评价指标对个人就业质量进行比较。⑨

第三，社会群体就业质量研究。谢勇指出，受教育水平低、社会资本匮乏、社保制度不健全等因素引致了农民工群体就业质量不高。⑩柯羽等构建了毕业生就业质量多元评价体系。⑪史淑桃发现，大学毕业生就业质量的性别差异有扩大趋势。⑫张桂宁⑬、刘善仕⑭等探究了就业能力、专业设置等就业质量影响因素，但未对因素权重进行实证分析。此外，上海交大等20多所高校也都发布了关于本校的就业质量报告。上述研究大多认为，就业质量不高已成为大学生就业的普遍问题。

在大学生就业群体中，关于贫困生就业质量的专门研究很少，比较相近的是贫困生就业问题研究。它主要包括：（1）就业现状研究，探究贫困生就业分布、工资待遇、社会流动等状况；（2）就业能力研究，主要探讨学业技能、

---

① 胡鞍钢，杨韵新．非正规就业：未来就业的发展趋势［J］．中国社会保障，2001（6）．
② 董克用，叶向峰．人力资源管理概论［M］．北京：中国人民大学出版社，2003．
③ 赖德胜．中国劳动力市场报告——包容性增长背景下的就业质量［M］．北京师范大学出版社，2011．
④ 郑功成．政府的政策取向与大学生就业难［J］．中国劳动，2006（4）．
⑤ 赵人伟．中国的经济转型和社会保障改革［M］．北京：北京师范大学出版社，2010．
⑥ 袁良栋．提升就业质量，拓展就业空间［N］．中国劳动保障报，2014．
⑦ 国富丽．国外劳动领域的质量探讨——就业质量的相关范畴［J］．北京行政学院学报，2009（1）．
⑧ 马庆发．提升就业质量：职业教育发展的新视角［J］．教育与职业，2004（12）．
⑨ 苏丽锋．我国转型期各地就业质量的测算与决定机制研究［J］．经济科学，2013（4）：41．
⑩ 谢勇．基于就业主体视角的农民工就业质量的影响因素研究——以南京市为例［J］．财贸研究，2009（5）．
⑪ 柯羽．就业能力对就业质量的影响［J］．当代青年研究，2010（6）．
⑫ 史淑桃．大学生就业质量性别差异渐显的原因与对策［J］．湖北社会科学，2010（12）．
⑬ 张桂宁．基于就业质量的职业意识教育探析［J］．广西民族大学学报，2007（9）．
⑭ 刘善仕，李颖．翁赛珠大学生就业能力对就业质量的影响［J］．高教探索，2005（2）．

综合素质、就业心理等因素对贫困生就业的影响；（3）就业瓶颈及其对策研究，内容涉及就业歧视、社会资本、求职投入等。上述研究有以下重要发现：（1）贫困生就业难，待遇差，工作不稳定，向上流动难（豆小红，2011）。（2）贫困生就业难的原因可归结为：缺乏社会资本（张丽娟，2009）；家庭状况影响就业，导致"贫困封闭循环"（IDE，2008）；劳动力市场分割（陈永杰，2011）。（3）高校就业援助机制包括心理辅导、就业扶助、优先推荐、就业指导重心前移等；政府扶助应以间接和有偿扶助为主，无偿和临时救助为辅（戴勇，2011）。

第四，测度方法研究。主要反映就业质量评价的主要流程和方法。国内就业质量评价一般沿用"评价模型设计—实地调查—质量测度"的三步流程。其关键在于构建评价体系：在指标选择上，赖德胜主编的《2011中国劳动力市场报告》建立了6个维度指标、20个二级指标和50个三级指标的就业质量评价体系，指标体系全面深入，借鉴意义较大；① 在指标赋权上，常用层次分析法②或主成分分析法③进行处理；在测度方法上，可用相对指数加权平均法或综合评价法④，前者虽简便但忽略了不同指标的性质差异，而后者可对不同指标进行可公度性处理，相对更科学。

（二）就业问题研究

纵观国内外高校贫困生就业相关研究颇有学术价值，但也存在以下问题。

第一，亟须关于贫困生就业质量的量化调研。"摸清底数"是精准扶贫的基础，准确评价贫困生就业质量状况更是就业脱贫的前提。然而，在当前国内外研究和实践中，贫困家庭大学生的总体、亚群体和个体就业质量水平如何，至今仍缺乏科学的量化评价，这就导致了就业扶助工作"心中无数"，只能依靠直观印象。因此，对贫困生就业质量水平进行调研和量化评价，有助于为精准扶贫工作提供准确的监测信号，提高"数字化管理"水平。

---

① 赖德胜．中国劳动力市场报告——包容性增长背景下的就业质量［M］．北京：北京师范大学出版社，2011．
② 柯羽．就业能力对就业质量的影响［J］．当代青年研究，2010（6）．
③ 高兴艺．就业质量测度及其对就业数量影响的实证研究：1990-2009［D］．山东大学，2012．
④ 刘素华．建立我国就业质量量化评价体系的步骤与方法［J］．人口与经济，2005（6）．

第二，亟须关于贫困生就业质量异质性的研究。比较是深入认识事物的基本方式。就业是目前高校大学毕业生的普遍难题，相比非贫困生，贫困家庭学生就业难问题更甚，且贫困生群体内部也存在明显差异性。首先，从直观经验看，贫困生群体的就业质量总体低于非贫困生；其次，贫困生群体内部也存在基于学校、专业、就业地域、家庭籍贯等因素所产生的就业质量差异。所以只有通过探究贫困生就业质量的"内外部异质性"，即考察贫困生组与非贫困生组以及贫困生组内各种亚群体的就业质量差异，才能抓住贫困生就业的本质特征，准确把握贫困生低质量就业成因与高质量就业经验。然而，在以往相关研究中，普遍缺乏群体比较方法，导致对贫困生就业质量现状、关键成因、经验与对策的分析都因缺少对照组而难以体现出其特殊性和针对性，影响扶助工作的精准度。

第三，缺乏对精准扶贫背景的分析和应用，就业扶助缺乏精准度。精准扶贫战略实施后得到了学界的热烈回应。但具体到就业扶贫领域，绝大多数研究指向的是社会贫困失业群体，如失地农民、城市低保失业者等，对于大学贫困生这一特殊群体的就业精准扶贫研究非常罕见。而在扶贫实践中，贫困生就业扶助虽然成绩显著，但由于缺乏对贫困生质量及其差异成因的量化研究，因而导致就业扶助对象不明、扶助资金"漫灌"、扶助措施精准度不高的粗放现象。

基于此，本书第三章将通过高校和社会调查，采集高校贫困生与非贫困生的就业信息，科学测度其就业质量水平及其影响因素权重，然后通过群体比较，揭示影响贫困生就业质量的关键因素、薄弱环节和优势条件，最后构建贫困生高质量就业的保障体系。

二、高校贫困生就业减贫效应研究[①]

本书第四章旨在考察高校贫困生就业的减贫效应。通过文献梳理发现，在国内外研究中，除了常见的大学生就业研究外，相关文献包括以下两类。

第一，关于高等教育反贫困功能的研究。林乘东认为，高等教育长期以来

[①] 关于高校贫困生就业减贫效应的文献研究参考了李丽娟的硕士论文《高校初次就业的收支状况及其减贫效应》（江西财经大学，2020年）。

都被视为增加家庭经济收入，摆脱贫困的最佳途径。① 赵茂林提出，从理论上看，高等教育回报包括经济回报和非经济回报两种，其中，经济回报又是通过毕业生就业来实现的，即"一人就业，全家脱贫"。② 邱纪坤、金世红认为，贫困家庭学生要想实现脱贫，必须依靠教育来实现。③ 西部大多数贫困地区的农村人口都存在教育水平较低的特点，他们进城后大多也只能在劣等、高强度和低薪的工作环境中工作，其所能选择就业的领域也多为工地房屋建筑、工厂加工制造等。贫困家庭大多生活艰辛，家庭经济情况欠佳，因此，贫困生迫切希望通过接受高等教育来谋求更好的工作环境，提高薪资报酬，从而帮助家庭脱贫或减贫。吴晓蓉和范小梅探讨了教育回报与教育反贫困的关系，认为只有让贫困者接受教育，培养其获得资源、积累人脉并学会获取资源的能力，才能满足他们的生存与生活需要，让他们远离贫困。④ 从更深层次讲，贫困者唯有将自己所接受的教育真正落实到自己身上，国家倡导的教育扶贫才真正通过教育行为产生了个体层面的教育脱贫结果，至此，才算彻底实现了教育反贫困的战略使命。

第二，就业扶贫研究。吴迎先从我国农村的扶贫战略所经历的救济式扶贫、区域开发式扶贫和整村推进扶贫三个阶段出发，指出其中存在的局限性无法达到社会公平的要求。他认为就业扶贫是最好的脱贫选择，不仅能改善贫困户的生活条件，还可以提高贫困户的知识水平，促进农民收入的增加，对城镇和农村贫困居民均适用。⑤ 赵丽娜等基于供给侧结构性改革的背景对就业扶贫的内涵进行了探讨，并在借鉴就业扶贫实践经验的基础上，从健全农村劳动力和失业人口档案管理、建立就业扶贫基地、达到产业基础和供给侧结构性改革的基本要求、完善上岗就业服务体系以及建立就业扶贫保障体系等方面，对河

---

① 林乘东. 教育扶贫论 [J]. 民族研究, 1997 (3).
② 赵茂林. 中国西部农村"教育反贫困"战略的对策探讨 [J]. 理论探讨, 2006 (5): 100 - 102.
③ 邱纪坤, 金世红. 高校教师努力做教育扶贫的先行者 [J]. 佳木斯职业学院学报, 2016 (4): 262 - 264.
④ 吴晓蓉, 范小梅. 教育回报的反贫困作用模型及其实现机制 [J]. 教育研究, 2018, 39 (9): 80 - 88.
⑤ 吴迎先. 就业扶贫在精准脱贫攻坚中的作用分析 [J]. 人才资源开发, 2016 (20): 121.

北省就业扶贫精准路径提出了建议。①

元林君对就业扶贫的实践成效、存在问题与对策进行了探讨，他认为在精准扶贫的背景下，中国在就业扶贫方面取得了显著进步，但现行的就业扶贫政策无法完全满足实践的需要，转移贫困劳动力就业的难度日益增加，职业培训的效果有待改善，贫困地区的公共就业服务难以落实到基层，贫困工人的外出转移就业组织化程度还较低，这些使得就业扶贫工作变得困难。在此基础上，他提出要通过优化就业扶贫政策来提高政策的可及性，发展县域经济以拓宽就地就近就业的空间，同时通过倡导短期技能培训和长期智力扶贫相结合、展开劳务协作、完善公共就业服务体系等措施，继续促进就业扶贫，为贫困人口提供稳定就业、脱贫致富。②

此外，李鹏对就业扶贫政策进行了系统分析，他认为，目前就业扶贫政策主要包括专门针对就业扶贫的系列文件和专项就业救助，但二者的理念预设、政策侧重点和权利义务规定存在明显差异。他发现，一些就业扶持政策门槛条件较高，而且劳动力市场分割和贫困家庭负担重等也会影响政策可及性。他建议，在就业扶贫工作中要以整体性治理统筹各项贫困人员就业促进政策，整合各项政策构建综合性就业援助体系；应消除政策户籍壁垒，导入积极就业援助理念；把促进贫困人员就业作为根本导向，加强地区、区域之间的政策衔接、信息互通以及帮扶财政资金融通，以提高政策的可及性。③

综上所述，国内外学者从多个视角对高校贫困生就业功能和难点问题进行了广泛的研究。高等教育的反贫困功能虽已是学界共识，但长期以来，相关认知主要建立在"直观经验＋理论分析"的基础上，将高校贫困生就业视为不言自明的家庭减贫途径，缺乏更为准确的实证调查和量化测算的检验。虽然也有部分研究指出了贫困生就业质量偏低、待遇不高的困境，但这些研究主要着眼于探讨贫困生的个人发展，而非考察其对家庭经济的减贫效应。所以总体来

---

① 赵丽娜，田原. 供给侧结构性改革下提高就业扶贫精准度路径研究——河北省视角 [J]. 现代商贸工业，2018，39（6）：140-141.

② 元林君. 我国就业扶贫的实践成效、存在问题及对策探析 [J]. 现代管理科学，2018（9）：109-111.

③ 李鹏. 精准扶贫视阈下就业扶贫：政策分析、问题诠释与治理路径 [J]. 广西财经学院学报，2017，30（6）：5-12.

看，贫困生这个特殊群体的就业能否促进其家庭经济减贫，以及促进作用有多大，目前依然缺乏专门的调查研究。基于此，本书第三章将对江西省六所省属重点院校的贫困毕业生的收支状况和减贫效应展开调查，进而对上述问题作出回答。

三、高校贫困生就业扶助机制研究①

本书第五章旨在探讨高校贫困生就业扶助机制。近年来，随着高校毕业生人数的增加，高校毕业生就业问题日趋严峻，高校贫困生的就业帮扶问题进入了学者的研究视野。总的来看，国内相关研究可以分为以下两类。

第一，大学毕业生就业难问题研究。针对我国出现的大学毕业生就业难问题，国内学者自1999年大学扩招以来进行了大量的研究。苗芊萍、王汉林（1999）从社会学角度分析了我国社会转型中的社会结构缺陷对大学毕业生需求量减少的影响。② 瞿振元研究认为，就业指导体系是影响大学毕业生就业的重要因素。③ 谢维和（2003）指出，我国大学毕业生就业压力的形成在很大程度上与扩招和体制改革的大环境有关，而毕业生自身素质和就业观念等也是造成其就业难的重要原因。④ 岳昌君、丁小浩的研究表明，高等教育就业弹性与一般就业弹性密切相关，但其水平大于一般就业弹性。为此，他们提出为促进大学生就业，应适当调整工资收入结构，促进高等教育就业弹性高、就业效应大的行业发展以及鼓励和引导高校毕业生去生产领域，去中西部地区工作，同时放低沿海地区的就业门槛等。⑤ 曾湘泉从就业制度演变、大学生的供求变动、个人就业意愿和行为、用人单位对大学生的期望等方面对大学生就业难问题进行了分析，并对缓解大学生就业困难提出了相应的政策建议。⑥ 赖德胜、

---

① 关于高校贫困生就业扶助机制的文献研究成果参考了熊小娟的硕士论文《高校贫困生就业扶助研究》（江西财经大学，2019年）。
② 苗芊萍，王汉林. 大学生就业的社会学透视 [J]. 南京理工大学学报（社会科学版），1999(6)：3-5.
③ 瞿振元. 构建符合中国国情的高校毕业生就业指导和服务体系 [J]. 世界教育信息，2001(9)：27-31.
④ 谢维和. 中国大学生就业体制的分析 [J]. 中国大学生就业，2003(10)：4-7.
⑤ 岳昌君，丁小浩. 受高等教育者就业的经济学分析 [J]. 高等教育研究，2003(6)：21-27.
⑥ 曾湘泉. 变革中的就业环境与中国大学生就业 [J]. 经济研究，2004(6)：87-95.

田永坡认为,劳动力市场分割是产生目前大学生就业困难的关键原因。[1] 此外,丁元竹等认为,存在一定程度的大学生失业是合理和必然的现象,应该正确看待,不必过分渲染大学生失业的后果。[2] 牛金虎认为,现行大学生就业统计由于统计对象范围过宽、统计口径太窄、统计指标太粗,造成就业统计缩水,人为夸大了就业难度。[3]

第二,高校贫困生就业难问题研究。柏丽华认为,贫困生就业困难的原因包括:一是整体就业形势严峻,二是求职就业成本高昂,三是自卑等不健康心理,四是缺乏社会资源,五是自身综合素质有所欠缺。[4] 伍安提出,高校应重视贫困生良好心态、综合素质、实践能力的培养,同时应加强对贫困生的就业服务,实施专门的就业指导,以此提高贫困生在就业市场上的竞争力。[5] 乔心阳从心理学角度提出,要从积极关注、尊重、共情三方面着手提升贫困生的一般就业心理素质,要用情绪疗法和户外心理素质拓展活动来提升贫困生的特殊就业心理素质,最终促进贫困生就业。[6] 董晓绒指出,高校应重视贫困生就业能力的培养,可以从认识到位、项目到位、资金到位、导师到位和效果到位五方面着手,全面提升贫困生的就业能力。[7] 荣立和等针对高校贫困生的就业焦虑现状,进行了原因分析,强调高校应成立专业的贫困生心理辅导队伍,及时给予心理辅导,以减轻贫困生的心理负担。[8]

此外,国外完善的就业政策和就业指导为我国贫困生就业扶助工作提供了很好的借鉴。其相关研究的内容包括以下方面。

第一,大学毕业生就业难问题研究。高校毕业生失业并非我国特例,很多国家也存在着毕业生失业的现象。当地的学者从本国现实出发,对大学生失业

---

[1] 赖德胜,田永坡. 当前大学生就业难的成因和政策选择 [J]. 红旗文稿,2009 (7):34-36.
[2] 丁元竹. 正确认识当前"大学生就业难"问题 [J]. 宏观经济研究,2003 (3):3-6,28.
[3] 牛金虎. 透视大学生就业统计 [J]. 中共山西省委党校学报,2004 (4):42-43.
[4] 柏丽华. 高校贫困生就业难的原因及对策 [J]. 继续教育研究,2011 (9):117-118.
[5] 伍安,张丽. 高校贫困生就业竞争力提升研究 [J]. 当代教育理论与实践,2014,6 (9):163-164.
[6] 乔心阳,武灵芝. 心理学视角下高校贫困生就业心理素质的有效提升 [J]. 教育与职业,2015 (11):73-75.
[7] 董晓绒. 新形势下提升高校贫困生就业能力的新思路 [J]. 中国成人教育,2016 (14):73-75.
[8] 荣立和,贾春水. 贫困大学生就业焦虑状态与应对方式探讨 [J]. 辽宁教育行政学院学报,2017,34 (3):25-27.

问题进行了研究。理查德·弗里曼（Richard Freeman，1976）认为，美国自20世纪70年代以来产生的大学生失业问题是教育过度的结果。此后，毕晓普（J. Bishop，2000）、约翰·布罗斯特（J. Robst，2000）认为，教育过度是一个社会或个人拥有的教育超过了他的所需或所望，从而使受教育者没有达到其教育目标，或掌握的技能超过了所从事岗位的需要。由于社会存在过多的受教育者，使这一人群的就业压力增加，造成了受教育群体的失业，而这些受教育者基本是刚进入就业群体的高校毕业生。

第二，高校贫困生就业政策研究。首先是促进就业供给的政策，旨在提高贫困生的就业竞争力。如在日本，就业帮扶由各大学自行负责，根据贫困生的需求不同，分别指导，增加了他们获得就业岗位的机会；英国高校在课程设计时，加入就业指导课程，以此来提升贫困生的职业素质；美国则通过颁布政策，引导鼓励学生用创业来代替就业。其次是促进就业需求的政策，旨在增加就业岗位，增加贫困生的就业机会。例如，日本政府建立了公共职业培训机构，免费为高校贫困毕业生提供不同行业的职业培训，同时建立了一些公立试验机构，为中小企业与高校开展合作创造条件，并为其提供一定的运作资金，政府还对某些企业进行补贴，鼓励他们雇用贫困大学生。最后是促进就业供给和需求相匹配的政策，旨在向贫困生提供相应的就业信息和就业指导服务。如在德国，各高校在贫困生入学之初，就将就业指导课程纳入学生的职业生涯规划的始终，在入学时就对学生日后的工作意向进行摸底，并根据他们的就业意向为其提供合适的职业发展的专业选择，持续关注，以便及时根据学生个体情况的变动而调整专业学习；美国的做法则是减免学生贷款，通过减少部分贷款或直接免除全部学费，鼓励贫困毕业生到某些区域或某些特定岗位工作。

综上所述，目前相关研究大多集中在高校贫困生资助体系与完善、高校贫困生认定、贫困生就业状况与帮扶措施制定等方面，关于高校贫困生就业扶助措施的实施成效的研究较少。即便有少数研究涉及这一问题，也缺乏系统的实证调查。基于此，本书第四章将通过典型案例调查，对上述问题进行深入研究。

四、高校贫困生就业危机应对机制研究

本书第六章旨在探究高校贫困生就业危机应对问题。由经济周期变化或重

大突发事件导致的就业危机，会加剧高校贫困生的就业困境。而如何应对这类冲击，则是高校贫困生就业研究不可忽视的一个问题。相关研究包括以下几类。

第一，应对新冠疫情冲击的就业策略。陈建伟和赖德胜的研究指出，受全球疫情蔓延和防控因素冲击，全国大学毕业生就业形势将出现四方面变化：一是大学生线上择业、线上就业逆势增长，二是大学生就业从主要劳动力市场向次要劳动力市场渗透，三是深度参与全球价值链的行业企业吸纳大学生就业的岗位部分流失，四是海外留学人员归国和国内学生海外留学受疫情影响反向冲击。此外，他们还提出了一系列的对策建议，诸如要继续保持创岗位、稳就业政策支持力度，千方百计创造就业岗位；要持续提高大学人才培养质量，增强大学生适应数字经济时代就业的能力；要完善人才有序流动和交流合作政策体系，畅通城乡、区域与企事业单位人才互动与合作渠道；要利用好国内超大规模市场优势，加快创新基础设施建设，提升经济发展吸纳大学生就业的能力。①

李春玲基于"中国大学生追踪调查（PSCUS）"项目于2019年11月和2020年3月实施的两轮追踪调查表明，疫情对应届毕业生就业产生了多方面的负面影响：招聘面试受阻，工作落实率下降，就业压力加大，未来经济预期偏向悲观。研究结果还显示，面对疫情带来的这些压力，毕业生积极调整心态和就业选择，下调就业预期，增强就业信心，提升心理抗逆能力。同时，高等学校的就业指导和帮扶工作有效地缓解了毕业生就业压力，提升了就业信心。最后，提出加大力度扶助稳定中小企业，拓宽升学渠道分流就业人数，推动应届毕业生基层就业趋势，适当延长毕业生就业服务，增强高等学校就业指导工作的专业性和针对性，积极发挥学生家庭情感支持作用的政策建议。②

第二，应对经济新常态冲击的就业策略。曾淑文的研究认为，在经济新常态下，中国的经济结构和就业结构都发生转变，大学生面临就业紧张的严峻问题：高校教学内容及体系难以跟上市场需求变化，缺乏有针对性的就业指导培

---

① 陈建伟，赖德胜. 疫情冲击下大学生就业形势变化与对策 [J]. 中国大学生就业，2020（11）：34–37.
② 李春玲. 疫情冲击下的大学生就业：就业压力、心理压力与就业选择变化 [J]. 教育研究，2020，41（7）：4–16.

训；就业和社会保障体系不完善，缺乏政策支持；部分大学生就业观念存在偏差，没有得到正确引导。要解决大学生就业难的问题，必须从创新大学生就业路径着手：经济新常态下的首要任务是加速经济转型升级与结构调整；在完善教育体系的同时开拓就业市场；建立和完善大学生就业促进机制；大学生积极转变就业观念。①

何发胜的研究认为，在经济发展步入新常态和高等教育规模急剧扩张的背景下，劳动力市场供求矛盾突出，大学生就业压力逐年增大、就业形势日趋严峻，大学生就业难题凸显。经济新常态下，大学生就业面临许多新的挑战。要破解大学生就业难题，必须依靠政府、社会、学校、家庭以及大学生本人等多方联动、综合施策、协调推进。各方要切实增强解决大学生就业结构性难题的紧迫感和责任感，主动适应当前经济社会发展需求，加强研究，系统规划，扎实推进，不断深化高等教育改革，稳步提高大学生人才培养质量。②

第三，应对金融危机冲击的就业策略。苗国运用人口社会学理论，对1998年和2008年两次金融危机背景下的大学生就业问题进行了探讨。③ 文章从宏观就业市场的人口队列效应、教育规模的"非常规"扩张到后危机时代的产业结构调整维度出发，论证金融危机本身这一突发性外部因素对大学生就业的影响程度。作者认为，只有深化改革、完善市场调节机制，大学生就业难的深层次矛盾才可能因为金融危机获得疏解的时间与机会。教育及其他一系列公共事业投入与发展规划需将宏观人口发展战略纳入其中。李明江等从走出求职误区、调整求职心态、分散求职目标、提升求职能力和珍惜工作机遇五个方面出发，论述了2008年金融危机背景下大学生应采取的就业对策。④ 陆宇兰等也探究了2008年金融危机对大学生就业的影响和应对策略。⑤

---

① 曾淑文. 经济新常态下大学生就业路径创新 [J]. 继续教育研究，2017 (2)：94 – 96.
② 何发胜. 经济新常态下大学生就业：问题、成因与对策 [J]. 教育现代化，2017，4 (49)：291 – 295.
③ 苗国. 生育率下降背景下高等教育扩张与大学生就业困难——从 "98 亚洲金融危机" 到 2008 "次贷金融危机" [J]. 人口与发展，2010，16 (4)：86 – 91.
④ 李明江，王军，张冬梅. 金融危机背景下大学生就业对策分析 [J]. 黑龙江高教研究，2009 (11)：81 – 82.
⑤ 陆宇兰，何茂羽，毛京一. 金融危机对大学生就业的影响分析与对策思考 [J]. 学术论坛，2011，34 (3)：129 – 132.

上述研究对于应对高校贫困生重大就业危机颇有参考价值，但总体上看，这些研究主要针对全体大学生，而非针对贫困生的专项措施；此外，这些危机应对措施大多具有临时性的特点，不具有自动触发和停止的自适应功能，也未形成稳定的机制，不利于施策的及时性和精准性。基于此，本书第五章将致力于探究应对高校贫困生重大就业危机的自适应机制设计方案。

五、高校贫困生创业问题研究

本书第七章旨在探究高校贫困生创业问题。高校贫困生创业不仅是提升自身综合素质的重要手段，同时也是解决自身就业问题、带动社会就业的重要途径。因此，高校贫困生创业问题也应成为高校贫困生就业研究的重要领域。然而通过文献检索发现，大学生创业问题是学者关注的热点，但其研究对象多为普通学生而非贫困生，关于高校贫困生创业的研究文献并不多见。总体来看，相关研究文献主要可以分为以下几类。

第一，关于创业动机、创业行为与创业绩效的一般研究。心理学的"需要—动机—行为"理论指出，当人们产生某种需要时，心理上就会有内在的驱动力（即动机），它具有激活、指向、维持和调整的功能，能够驱使人选择目标，并进行实现目标的行为，以满足需要。[①] 创业动机是驱使创业者走向创业，并影响其行为和绩效的核心因素。弗里德（Frend）认为，本能是驱使个体通过外部的有意识或者无意识的活动去改变内在状态的"持续压力"，即动机驱使个体采取行动去满足个体需求。所以，动机是创业行为的前提，"潜在创业者与实际创业者的本质区别在于创业动机"[②]。著名经济学家熊彼特（Joseph Alois Schumpete）从精神层面出发，将创业动机分为"建设私人王国，对胜利的热情，创造的喜悦"。全球创业监测项目研究框架中，创业的动机被分为机会型创业与生存型创业两大类。在国内，童亮和陈劲认为，创业动机主要分为环境影响、推动因素、拉动因素三方面。[③] 对创业动机的影响因

[①] Shane, S., Venkataraman, S. The Promise of Entrepreneurship as a Field of Research [J]. Academy of Management Review, 2000, 25 (1) 217 – 226.

[②] 王雁. 普通心理学 [M]. 北京：人民教育出版社，2002：198.

[③] 童亮，陈劲. 女企业家的创业动机研究 [D]. 清华大学，2004：125.

素，戴维·麦克利兰（David C. McClelland）认为，创业者决定创业可能会受到家庭背景的影响；钱永红认为，男性和女性在创业因素上具有性别差异①；等等。

对于创业动机和创业行为的关系，帕森斯（Parsons）指出，对目标的追求是一种社会行为，个体动机就是为了达到自己的目标；奥尔森（Olson）指出，创业动机是创业行为的前提，促使具有创业能力以及创业条件的个体作出创业行为；何志聪指出，创业动机可以内化成创业者个体的创业目标，激励创业者根据创业目标采取创业行为，如识别机会、发现资源，最终创业成功②；沈红明指出，创业动机是内在根据及外在条件共同作用而产生，创业动机反映着创业者的深层创业需求，促使创业者采取行为去满足自己的创业目标③；刘志也指出，创业动机是创业行为的风向标，可以有效引导创业者对自己已识别出的创业动机进行实施④。帕里斯（Palich）指出，面对创业成功的不确定性，个性差异会使得他们对风险有不同看法：愿从事创业活动的人相较于被创业风险阻拦的人，可能表现得更加乐观。王丹俊指出，创业动机对风险决策行为有直接影响，生存动机越强更倾向于回避风险，而成就动机越强更倾向于追求风险。⑤

此外，创业动机与创业绩效的关系也是研究者关注的另一个问题。当创业动机和创业绩效相联系时，由于创业动机的多元化以及创业活动终究是经济行为的特点，创业绩效又可分为财务绩效和非财务绩效进行研究。在主观绩效方面，卢森斯（Luthans）指出，创业的自我效能反映创业者的个体信念，而自我效能强度则会对创业者的个体倾向有所影响。范巍、王重鸣认为，创业者的创业倾向会随着自我效能强度、责任认真性、经验开放性、外向性的增加而增加。⑥ 蔡晓珊、张耀辉从创业绩效角度出发，试图获得影响新创企业生命力的

---

① 钱永红. 个人特质对男女创业意向影响的比较分析 [J]. 技术经济, 2007 (7): 8 - 11.
② 何志聪. 中小民营企业家创业动机及其影响因素研究 [D]. 浙江大学, 2004: 5 - 6.
③ 沈红明. 创业企业家心理素质培育研究 [D]. 合肥工业大学, 2006.
④ 刘志. 大学生创业意向结构及其现状的实证研究 [J]. 教育发展研究, 2013 (21): 35 - 40.
⑤ 王丹俊. 创业动机对风险决策行为的影响 [D]. 浙江理工大学, 2016.
⑥ 范巍, 王重鸣. 个体创业倾向与个性特征及背景因素的关系研究 [J]. 人类工效学, 2005 (1): 33 - 35.

源泉。① 在经济绩效（财务绩效）方面，王华锋、谢从旋指出，创业动机会对创业绩效产生显著的影响，不一样的创业动机对创业绩效的影响不同，成就驱动型创业动机更容易取得创业成功，资源驱动型创业更容易导致失败，而生存驱动型创业与创业成功和失败均没有显著关系。②

第二，关于大学生创业动机、创业行为与创业绩效的研究。其内容包括：（1）探究大学生创业动机的类型。例如，朱贺玲等调查了厦门大学 420 名本科生，发现在校生创业动机呈低级需求动机、中级需求动机和高级需求动机三因素结构。③ 高日光等指出了大学生创业动机的四个因素：自我实现、追名求富有、社会支持以及家庭影响。④（2）分析大学生创业动机的影响因素。环境因素方面，王绪梅认为，政府的扶持和创业教育、文化的形成有利于大学生作出创业行为，和大学生的创业动机呈正相关关系。⑤ 李闻一利用 Logistic 回归分析方法找到了影响大学生创业行为的因素。⑥ 赵恒平等构建了创业行为影响因素模型，指出大学生创业行为是创业者个人与环境相互作用的结果，即创业行为是受创业者个人因素和环境因素的影响。⑦ 其他影响因素研究还包括：外部环境（向辉，2013；李洪波，2013）、家庭社会网络（肖璐，2013）、企业家精神（兰欣，2011）、性别（姜雪梅等，2012），等等。（3）大学生创业绩效。许聪采用统计分析的方法，从创业意愿、创业环境、个人背景、性格特质四个角度对影响因素进行了分析，结论是：大学生越具有企业家精神，个人背景越优渥，创业目的越坚定，创业绩效越显著。⑧

在少数关于大学贫困生创业的研究中，其内容可以分为以下几类。

---

① 蔡晓珊，张耀辉. 创业理论研究：一个文献综述［J］. 产经评论，2011（5）：55-66.
② 王华锋，谢从旋. 大学生创业动机与创业绩效关系研究［J］. 广州大学学报（社会科学版），2014（3）：39-44.
③ 朱贺玲，郑若玲. 大学生创业动机特征实证研究——以厦门大学为例［J］. 集美大学学报（教育科学版），2011，12（1）：53-57.
④ 高日光. 个人、家庭和社会对大学生创业动机的影响——基于江西省高校大学生的实证研究［J］. 高校教育管理，2011，5（6）：86-90.
⑤ 王绪梅. 大学生创业动力影响因素实证研究［D］. 安徽大学，2013.
⑥ 李闻一，徐磊. 基于创业过程的我国大学生创业行为影响因素研究［J］. 科技进步与对策，2014（7）：149-153.
⑦ 赵恒平，文亮. 大学生创业行为及其影响因素模型［J］. 武汉理工大学学报，2010（15）：185-188.
⑧ 许聪. 大学生创业成效影响因素实证研究［D］. 南京大学工业工程学院，2016.

第一，贫困生创业的可行性研究。许多学者认为，创业应该是经济条件较好的大学生的"专利"。贫困生经济与社会资本匮乏，抗风险能力弱，不宜走上创业之路。但唐承泽[①]、卜雪梅[②]、杨晓芳[③]等研究者则认为，高校贫困生富有进取心，创业意愿强，吃苦耐劳，克勤克俭，善于理财，适合走上创业道路。许可运用SWOT分析法剖析了高校贫困生创业面临的机遇和挑战。[④]戴玉从家庭条件、心理条件和创业期望三个维度出发，分析了贫困生创业的优势与劣势。[⑤]

第二，高校贫困生创业能力培养研究。黄贵闽认为，以创业实践项目为载体，可以提升贫困生心理素质和综合能力，帮助他们完成从"受助者"到"自助者"再到"助人者"的转变，既满足贫困生自身发展的内在需求，也是高校人才培养成果的重要体现。基于此，结合贫困生资助模式和创业实践教育的现实情况，提出了贫困生创业实践的内涵式和外延式实施路径方案。[⑥]朱志明认为，要通过贫困生个人、国家和高校等共同努力，特别是高校革新创业教育模式、完善创业教育的内容和方法、加强创业师资建设和改进创业实践环节教学等，才能提升贫困生的创业能力，帮助贫困生自主并成功创业。[⑦]

第三，高校贫困生创业指导与帮扶研究。针对高校贫困生创业，许可提出的建议包括：政府对高校贫困生自主创业加大支持力度、加强相关政策宣传；社会企业多提供平台和资金扶持；学校针对贫困生的心理特点，营造创业文化、完善创业体系多角度助力贫困生创业；贫困生主动寻求帮助、提高个人综合素质、积极参加勤工俭学、参加创业创新竞赛积累经验。[⑧]戴玉从贫困生自

---

① 唐承泽，曾灿博，李旭光.新形势下高职贫困生创业指导[J].教育与职业，2016（9）：88-89.
② 卜雪梅，杨桂元.高校贫困生自主创业：问题与对策[J].教育与职业，2012（15）：83-84.
③ 杨小芳，贺武华.当前高校贫困大学生的优势表现实证调查[J].高校教育管理，2012，6（4）：98-101.
④ 许可，陈福虎，雷芬.高校贫困生创业的SWOT分析及对策[J].湖北广播电视大学学报，2015，35（6）：52-55.
⑤ 戴玉.高校贫困生创业的解困途径研究[J].中国集体经济，2015（1）：191-192.
⑥ 黄贵闽.发展性资助模式下高校贫困生创业实践教育路径探索[J].福州大学学报（哲学社会科学版），2018，32（2）：100-103.
⑦ 朱志明，陈小姣.论高校贫困生创业能力的提升[J].教育观察（上半月），2015，4（8）：35-36.
⑧ 许可，陈福虎，雷芬.高校贫困生创业的SWOT分析及对策[J].湖北广播电视大学学报，2015，35（6）：52-55.

身、高校和国家三个层面提出了帮扶贫困生创业的建议。[①] 唐承泽等认为，做好新形势下高职院校贫困生的创业指导工作，应该以引导为主，寻求多方支持，讲透创业优惠政策，不断完善教学设计环节。[②]

上述相关研究虽具有一定的参考价值，但总体来看，多数文献的研究方法和内容简单，主题单一，尤其是缺乏对于高校贫困生创业状况的实证调查。基于此，本书第六章将通过对六所高校的贫困生创业状况调查，厘清其创业模式和成效，并提出帮扶贫困生创业的政策建议。

第四节　研究方法

高校贫困生就业问题研究是一个横跨教育学、劳动经济学、公共管理学等多学科理论知识与方法的课题，在研究中综合运用了多种研究方法。其主要方法包括以下几种。

第一，文献法。笔者通过查找馆藏图书、利用期刊网、搜索引擎等工具收集国内外相关文献资料开展研究，内容覆盖理论研究、政策文本和历史文献等。本书查阅的核心文献包括：关于贫困和反贫困理论、教育扶贫、精准扶贫、就业扶贫的理论与实践文献；国内外关于大学生就业的基本理论、统计报告、政策文本和研究文献；关于我国高校贫困生就业的研究文献和新闻报道；关于高校贫困就业帮扶的政策文本；应对大学生重大就业危机的研究文献和政策文件；大学生创业方面的政策文件和相关研究；等等。这些文献为本书提供了理论基础、分析工具和研究资料，也确立了本书的研究起点和创新点。此外，本书还综合运用简单计词法、概念组分析法等定量文献方法，从研究文献中提炼就业质量的评价指标和影响因素，以保证指标或因素选取工作的科学性和全面性。文献研究的成果渗透在全书的各章节。

第二，调查法。调查方法是本书的主要研究方法。在本书中，关于高校贫困生就业质量的测度、减贫效应的实证、就业扶助现状与问题的分析、创业模式与成效的考察等主要内容，均是建立在专项调查的基础上。调查方法主要包

[①] 戴玉. 高校贫困生创业的解困途径研究 [J]. 中国集体经济, 2015 (1): 191-192.
[②] 唐承泽, 曾灿博, 李旭光. 新形势下高职贫困生创业指导 [J]. 教育与职业, 2016 (9): 88-89.

括问卷调查法和访谈法。调查高校包括江西省部分省属重点高校和某些省外高校。调查对象包括学生及其高校就业办、企业和劳动部门负责人。访谈内容既覆盖问卷调研内容，以对问卷结果进行检验和深入探索，也涉及其他问题，以得出更多的新发现。这些调查为本书的研究提供了大量的实证材料和数据。这部分调研成果主要分布在本书的第二章、第三章、第四章和第六章。

第三，统计测算法。数据统计与测算是本书的一项重要工作。本书运用描述性统计对问卷及访谈的结果进行处理，绘制数据图表，反映调查者的基本信息、贫困生的就业质量和影响因素、就业创业状况与满意度、高校贫困生就业收支状况、各类就业扶助的分布情况、创业动机的排序等；在测算方面，统计高校就业创业状况的基本信息；建模统计高校贫困生就业质量水平，测算其异质性，采用层次分析法构建出大学生就业质量评价指标体系及确定其权重；计算就业质量影响因素的权重；统计高校贫困生就业可能和实际的家庭经济贡献；测算其减贫效应及其异质性；统计各类就业扶助资金的总额与比例，创业动机和成效的分布情况；等等。主要统计工具：EXCEL。

第四，比较研究法。比较是认识事物本质的基本方式。在本书中，主要运用群体比较法开展外部异质性和内部异质性分析：前者在调查中设置贫困生和非贫困生对照组，考察二者就业创业状况和就业质量水平的差异与成因，以此深入发掘贫困生就业创业的特点、问题与需求；后者在贫困生群体内部调查中，根据不同的变量，包括专业、性别、就业地域、本科类型与就业时长、致贫原因等因素，设置亚群体对照组，深入比较和总结贫困生就业及其减贫的有益经验，从而为制定更为精准的贫困生就业策略和就业帮扶机制奠定基础。

第二章

基本概念与理论基础

本书是对高校贫困生就业问题的综合研究，涉及高校贫困生就业的质量水平、减贫效应、帮扶机制、危机应对机制和创业成效等多个方面，因此涉及的基本概念和理论较多。本章将按照研究的具体问题，分别予以介绍。

第一节 基本概念

一、高校贫困生

所谓贫困生，其正式称谓是家庭经济困难学生。1993年，教育部、财政部联合下发的《关于对高等学校生活特别困难的学生进行资助的通知》中对其做了明确解释，即在国家招收的普通高校本专科学生中，因家庭经济困难而无力支付教育费用或支付教育费用很困难的学生。通知中所指的教育费用主要包括学杂费（学费、住宿费、教材费等）和生活费（伙食费、服装费、日常用品费、交通费等）。通知还对贫困生层次进行了划分，即一般贫困生、贫困生和特困生。其中，一般贫困生是指学生家庭有一定的经济基础，有能力支付教育费用，但发生暂时性困难的学生；贫困生是指家庭经济收入很少，支付教育费用很困难的学生；特困生是指家庭缺乏收入来源而无力支付教育费用学生。2018年，教育部等六部门《关于做好家庭经济困难学生认定工作的指导意见》再次指出："家庭经济困难学生认定工作的对象是指本人及其家庭经济能力难以满足在校期间的学习、生活基本支出的学生。"

上述文件对高校贫困生的定义只是一个笼统的定性描述，缺乏具体的操作标准。为此，各地区各高校开发了大量的贫困生认定办法。在本书的部分调查中，由于调查问卷系随机发放，无法掌握调查者的真实家庭经济情况，但考虑到学校资助资源有限，获得高校资助资源的学生绝大多数来自贫困家庭，因此调查者在问卷中设置问题，询问受调查者接受高校资助的情况。若受调查者在校期间享受过助学贷款、助学金、学校勤工俭学[①]、困难补助、学费减免五种资助方式中一种以上的学生，符合高校界定贫困生的一般规律，则将该学生认定为贫困生。

二、就业

所谓就业，按照国际劳工组织的标准定义，凡是在一定年龄以上（我国规定年满十六周岁以上），在调查参照期内为获得工资或薪金、利润或家庭收益而从事了一定量工作的人员都属于就业范围。根据这一概念可以看到，就业与生产资料所有制、企业用工形式及国民经济部门无关，劳动者从事无收入或显著低收入的义务性劳动、社会性救济劳动、家务劳动或从事非法劳动，则不属于就业范围。

按照我国劳动经济学界的定义，就业是指拥有劳动能力的人与生产资料相结合，在法定年龄内依法从事的可获取生存资料或收入的社会活动。也就是说，就业要具备三个基本条件：一是自然条件，即具有劳动能力，合乎法定年龄；二是这种劳动合乎法律，为社会承认；三是可以取得赖以生存的收入。

根据上述三个基本条件，就业的标准一直在发生变化。例如，1982年，我国人口普查中对就业人口的定义是：1982年6月3日有工作并在6月份从事社会劳动16天以上者，即为就业人口。1994年，国家劳动部与统计局对就业概念的定义是：从事一定社会经济活动并取得劳动报酬或经营收入人员。已办理离退休、退职手续，但又再次从业的人员，计为就业人员。就业人员中不包括从事经济活动的就读学生。上述两种界定只考虑了年龄条件，却忽视了"可赖以为生"的劳动收入条件。因此，2003年，劳动和社会保障部重新界定

---

① 此处的勤工俭学主要由学校面向贫困生提供的勤工助学岗位（需提供家庭经济困难证明），而非学生在社会上自主寻找的勤工俭学岗位。

了就业标准。按照新的界定标准,"就业人员"指在男16~60岁、女16~55岁的法定劳动年龄内,从事一定的社会经济活动,并取得合法劳动报酬或经营收入的人员。其中,劳动报酬达到和超过当地最低工资标准的,为充分就业;劳动时间少于法定工作时间,且劳动报酬低于当地最低工资标准、高于城市居民最低生活保障标准,本人愿意从事更多工作的,为不充分就业。"失业人员"指在法定劳动年龄内,有工作能力,无业且要求就业而未能就业的人员。虽然从事一定社会劳动,但劳动报酬低于当地城市居民最低生活保障标准的,视同失业。

就业是高校贫困生实现经济独立和自我价值的开端,也是反哺家庭和社会的主要途径。参照上述三个基本条件,我国高校贫困生毕业后,只要具备工作能力、年龄超过16岁,且从事合法劳动,收入超过就业地最低生活保障,即可纳入高校贫困生就业的范围。再从实际情况看,我国完成某一层次高等教育的毕业生,绝大多数已具备工作能力,并达到16岁法定工作年龄的自然条件,同时,绝大多数毕业生从事的是合法劳动,且收入不低于最低生活保障。因此在本书中,若非特殊强调,凡已得到工作机会的高校贫困生,均可视为实现就业,反之则为失业。

三、就业质量及其评价体系

本书第三章将对高校贫困生的就业质量进行考察。在相关研究中,核心概念包括就业质量和就业质量评价体系。

所谓就业,是指劳动者与生产资料结合,从事社会劳动并获得报酬或经营收入的经济活动,它包括就业的量和就业的质两个方面。前者反映的是有多少劳动者能够与生产资料结合并获得相应的收入,常用的指标是就业率;而后者反映劳动者与生产资料结合的好坏,如劳动者工作薪酬的高低、就业环境好坏、个人发展前景如何等,以及对工作的满意程度如何。若将两者相结合,则为就业质量。就业质量可以将以往独立分散的各项就业特征值系统地整合为一个综合量化值,因而更能全面集中地反映和比较就业状况。

从国内外的相关研究看,就业质量是一个维度多元、主客观相结合的综合性概念,在不同的语境下有着不同的含义。尤其是在讨论微观、中观、宏观层面的就业质量时,尽管基本的关注点是相同的,但对就业质量具体内容的划分有较大差别。由于影响就业的因素就会影响就业质量,所以国内外对就业质量的研究也是从影响就业质量的各个因素入手,通过多种主要指标的综合从总体上反映劳动者就业质量的优劣程度。

从微观层面看,在国外研究中,如比特森(Beatson)通过反映劳动与回报关系的经济契约内容和反映雇主与雇员关系的心理契约内容来衡量就业质量。[①] 更多的是对就业质量的实证研究,如理查德·布利斯博(Richard Brisbo)对美国、加拿大及欧盟国家的宏观就业质量指标(健康与福利、技能开发、职业及就业安全、工作满意度等)进行了比较分析。[②] 又如彼得·莫托(Peter Morton)对加纳小型企业就业质量进行了调研等。[③] 在国内研究中,刘素华认为,就业质量是劳动者与生产资料结合,从事社会劳动并获得报酬或经营收入的经济活动,它包括就业数量和就业质量两个方面。就业数量反映的是有多少劳动者能够与生产资料结合并获得相应的收入;而劳动者与生产资料结合的好坏,如劳动者工作薪酬的高低、就业环境好坏、个人发展前景如何等,以及对工作的满意程度如何,这些体现的就是就业质量。[④] 从宏观角度看,当谈到某个范围如国家、地区或行业的就业质量时,就业质量指的就是该范围内劳动者整体的工作状况的优劣程度,一般用反映该范围内劳动者工作状况的各要素的统计数据,如社会保险参保率、劳动合同签约率、平均工资等来表示。[⑤] 周平也指出,就业质量一方面反映在政府促进和市场引导下社会充分或较充分就业的水平,另一方面反映就业促进社会经济发展的作用,其宏观含义不可忽视。[⑥]

就业质量内涵的多元,就决定了其评价体系的多元。面对不同的评价对象,其评价指标和体系是不同的。自 20 世纪 70 年代以来,国外陆续有一些与

---

① Beatson. Job Quality and Forms of Employment: Concepts and the UK Statistical Evidenee [Z]. Critieal Soeial Poliey, 2000 (5).

② Richard Brisbo, The Quality of Work: An International Perspecfive [Z]. CPRN, 2003 (2).

③ Peter Morton, Corporation Job Quality in Miero and Small Enter-prises in Ghana: Field Research Result [J]. Internation Labour Office, 2004 (7).

④ 刘素华. 全球化对我国就业质量的影响机理及走势分析 [J]. 人口与经济, 2007 (2).

⑤ 李军峰. 就业质量的性别比较分析 [J]. 市场与人口分析, 2003 (11).

⑥ 周平. 谈如何提高就业质量 [J]. 中国培训, 2005 (3): 53.

就业质量相关的概念或提法出现，如"工作生活质量""工作质量""体面劳动""高质量就业"。国际劳工组织提出"体面劳动"概念后，又率先提出关于体面劳动的6维度13项指标的评价体系（1999），奠定了就业质量评价体系的雏形；欧盟委员会提出了"工作质量"指标体系，欧洲基金会构建了"工作和就业质量"指标体系。2010年2月，联合国欧洲经济委员会协调上述三个国际组织，编制了统一的"就业质量"指标体系，包括就业安全与规范、劳动报酬、工作时间和工作平衡度、工作稳定性及社保、协商与谈判机制、技能培训、员工关系与工作动机7个维度，并据此测度和发布了加拿大、芬兰、法国等9个国家的就业质量国别报告。[①]

中国劳动科学研究所则认为，可以重点从5个维度评价就业质量：一是就业机会。可重点考察新增就业、就业人口总量、劳动参与率、失业率、就业结构等因素。二是就业状况。可重点考察劳动者的工资薪酬和工资增长、社会保险覆盖及待遇、劳动者的工作时间、就业安全、禁止童工等因素。三是劳动关系。主要关注劳动者就业权益是否得到充分保障，重点考察劳动合同覆盖率，是否有平等协商和社会对话机制等因素。四是就业能力。主要关注劳动者是否得到有效的职业培训，从而提高职业技能水平及参与企业管理的能力。五是就业环境。重点考察劳动力市场基础作用的发挥、就业服务的覆盖面和质量、有利于劳动者就业创业的政策环境、劳动者的就业观念、就业公平等因素。同时，一些专家学者也对构建就业质量评价指标体系进行了积极探索。大多数文献都将就业率、供需比、工作的稳定性、收入、社会保障、劳动关系和就业满意度等纳入指标体系。[②] 张桂宁认为，就业质量包括了一切与就业者个人工作状况相关的要素，具体分为以下8个方面：工作性质、工作条件、工作安全、尊严、福利、培训可能性、平等参与、晋升机会。[③] 赖德胜建立了6个维度50个指标的就业质量评价体系衡量了国内就业质量状况。[④] 此外，部分地区和许

---

① 张丽宾. 就业质量问题研究 [J]. 人事天地, 2013 (3).
② 中国劳动科学所课题组. 就业质量要与经济发展水平相适应——关于就业质量问题的研究 [N]. 中国劳动保障报, 2013 - 1 - 22.
③ 张桂宁. 基于就业质量的职业意识教育探析 [J]. 广西民族大学学报, 2007 (9).
④ 赖德胜. 中国劳动力市场报告——包容性增长背景下的就业质量 [M]. 北京：北京师范大学出版社, 2011.

多高校也自主设计并实施了一些高校毕业生就业质量评价体系，并定期发布当年的就业质量分析报告。

四、家庭经济减贫效应

本书第四章将对高校贫困生就业的减贫效应进行考察。实现家庭经济减贫是贫困家庭投资高等教育的首要期望。对贫困家庭而言，要供养一个学生完成高等教育并非易事，其付出的直接教育成本和间接成本甚至会加剧贫困状况；高校贫困生就业后可获取一定的劳动收入，在满足日常需求后，这些劳动收入还存在一定的剩余，可全部或部分用于资助原生家庭，进而实现家庭经济减贫。因此，高校贫困生乃至其家庭期望通过就业回收教育投资成本并获取收益，以改变家庭贫困状况，乃是非常正常的愿望，也是高等教育反贫困功能的重要体现。高校贫困生的家庭减贫效应，即指高校贫困生就业对其所在原生家庭减贫所起到的支持作用。在广义上，除了直接的经济资助外，这种"支持作用"还可通过提供致富信息、医疗指导、技术指导、维权、介绍人脉等多种形式体现出来，但本书对非直接经济资助形式的减贫效应不做考察，仅考察贫困生获得就业收入后予以原生家庭经济资助而起到的减贫效应。本书将通过测算高校贫困生就业收入引致的家庭经济贡献理论上限、实际经济贡献及其与各地区平均脱贫标准线对比后的客观达标率、贫困生自身对家庭经济减贫的主观满意率等指标来反映这一效应。

五、就业扶助机制

本书第五章将考察高校贫困生的就业扶助机制。就业扶助机制在学术界一直缺少严格的定义。在一般意义上，就业扶助机制是指各种促进就业的支持措施。在本书中，就业扶助机制特指为了实现高校贫困生的顺利就业而予以贫困生的各种支持措施与作用方式。按支持主体分类，它包括政府制定和实施的一系列促进贫困生就业的优惠政策和给予的财政补贴、高校实施的一系列针对贫困生的就业资助和提高其就业能力的就业帮扶措施等，以及社会组织提供的就业资助、就业帮扶、优惠就业条件和待遇等。上述资助措施又可以分为经济资助和非经济资助两种方式，前者直接提供物质支持，后者提供心理、信息、知识、技能等方面的多元化支持。相比目前较为完备的高校贫困生经济资助体系，高校贫困生的就业扶助机制总体上仍处于分散而自发的探索之中，相关研究也较少，尤其是缺乏实证调查类研究。基于此，本书第五章将以经济资助为主，非经济资助为辅，对该问题进行研究。

六、创业、创业动机和创业教育

从概念演变看，大学生创业概念主要由创业概念递进而来。国外研究者基于不同的角度，对创业概念进行了多种定义。彼得·德鲁克（Peter F. Drucker）认为，没有创新的企业创建活动并不是创业。面对学术界对创业概念定义的分歧，木志荣概括了创业的三层次定义：广义上创业是"创造新的事业的过程"；次广义是"通过企业创造事业的过程"；狭义是"捕捉机会而创建一个新的企业的过程"。①

针对大学生创业，国内也有不同的定义。例如，许正云将大学生创业定义为，由在校或毕业后两年内自主创业的学生作为核心成员根据自己的发明创造、科研成果、思想来开创的新企业，以实现商业化应用和创造价值。② 还有的研究者将大学生创业定义为，大学生利用现有能力资源以实现自我发展需求，在经济环境中寻求并把握创业机会来创建企业，以实现自我价值、经济价值和社会价值的过程。在本书中，"大学生创业者"是指在校时作出创业活动的大学生，不包括毕业后创业的大学生。

对于大学生创业动机，有些学者认为：大学生创业动机是一种内驱力，刺激着个体进行创业活动，是大学生为了满足自身的某种需求而进行创业的动机因素。简单来讲，大学生的创业动机就是大学生创业者由于个体内在或外在的需要在创业之前所表现出来的目标或愿景，它驱动着个体的创业行为，并影响着大学生的创业行为。③ 另外一些学者认为：大学生创业动机是大学生由于个体内在或外在的需要而在创业时所表现出来的目标或愿景，在创业过程中驱动着创业者行为，激励创业者寻找机会，把握机会，实现创业成功，并影响创业

---

① 木志荣. 国外创业研究综述及分析 [J]. 中国经济问题，2007（6）：53-62.
② 许正云. 清华大学典型学生创业活动研究 [D]. 清华大学，2004.
③ 李洪波. 创业环境对大学生创业动机的影响研究 [J]. 技术经济与管理研究，2013（5）.

企业的绩效。① 综上所述，本书认为，创业动机是一种创业前的目标和愿景。大学生创业动机指大学生由于自己内在和外在的某种需要，朝向创业某愿景的心理过程。

对于创业教育，国内外学者给出不同的释义。联合国教科文组织认为：创业教育，从广义上来说是培养具有开创性的个人的教育，它对于拿薪水的人也同样重要，因为用人机构或个人除了要求受雇者在事业上有所成就外，正越来越重视受雇者的首创精神、冒险精神、创业能力、独立工作能力以及技术、社交和管理技能，它为学生灵活、持续、终身学习打下基础。② 毛家瑞等认为，创业教育是以开发和提高青少年的创业基本素质，培养具有开创个性的社会主义建设者和接班人的教育；是在普通教育和职业技术教育基础上进行的，采取渗透和结合的方式在普通教育和职业教育领域实施的，具有独立的教育体系、功能和地位的教育。③ 谭光兴认为，创业教育是培养具有探索、冒险、创造精神和从事各项活动事业策划乃至创办企业的知识与技能的教育。④ 施冠群等认为，创业教育是一种培养学生从事商业活动的综合能力的教育，使学生从单纯的谋职者变成职业岗位的创造者。⑤ 基于上述定义，本书认为，创业教育是激发人的创新创业潜能，迅速适应社会的一种教育活动。

第二节　理论基础

高校贫困生就业问题是本书的研究主题。与普通大学生相比，高校贫困生就业问题的特殊性在于其家庭经济困难，而高校贫困生就业的首要功能和目的则是促进本人及其家庭减贫脱贫。因此，高校贫困生就业可以视为一种高等教

---

① 任源钢. 我国大学生创业教育研究 [D]. 重庆师范大学，2010.
② Jones, C. & English, J. A contemporary approach to entrepreneurship education [J]. Education & Training, 2004, 46 (8/9): 416 – 423.
③ 毛家瑞，彭钢，陈敬朴. 创业教育的目标、课程及评价 [J]. 教育评论，1992 (1): 26 – 30.
④ 谭光兴. 大学生创业教育实施框架的理论研究 [J]. 江西教育科研，2006 (11): 33 – 35.
⑤ 施冠群，刘林青，陈晓霞. 创新创业教育与创业型大学的创业网络构建——以斯坦福大学为例 [J]. 外国教育研究，2009 (6).

育反贫困手段。基于此，本书的主要理论基础包括贫困与反贫困理论和就业理论两类。前者为本书奠定了研究的出发点、归宿和价值观，后者为本书探讨具体就业问题提供了理论工具、研究方法和观点借鉴。

一、贫困与反贫困理论

（一）贫困与反贫困理论的多维演变

贫困与反贫困理论为本书理解高校贫困生就业的价值背景和社会功能提供了重要的启示。国外学者对于贫困与反贫困的定义有着不同的理解。总体而言，"贫困"概念经历了从单维贫困到多维贫困、从客观贫困到主观贫困、从收入贫困到能力贫困和权利贫困的演变过程。[1][2] 起初，贫困概念是单维的，即认为贫困就是一种经济收入不足导致的物质匮乏的状态。例如，早期学者均以联合国规定的国际贫困标准为界线，家庭经济收入低于这一界线，导致无法维持正常生存需要，这种状态称之为绝对贫困；与之相对应的是相对贫困，即经济收入相比其他人较低的一种状态，用于衡量一个社会收入不平等的程度。若个体或家庭的收入低于维持生活所必需的最低收入水平时，才是真正意义上的收入贫困。与贫困相对应的反贫困（anti-poverty）一词，其内涵与脱贫（poverty alleviation）和减贫（poverty reduction）相近，1991年最早由瑞典经济学家冈纳·缪尔达尔（Karl Gunnar Myrda）提出，这也是反贫困首次作为学术概念被提出。[3]

20世纪80年代，阿玛蒂亚·森（Amartya. Sen）在其著作《以自由看待发展》中突破了传统福利经济学的局限，提出了"能力贫困"（capability poverty）的概念。他认为，个体贫困的主要原因在于可行能力（即将自身禀赋交换成商品，以及在使用商品中将其功能有效发挥的能力）被剥夺。许多国家和国际组织在反贫困实践中也发现，收入贫困只是贫困的一个中间变量，

---

[1] Sen A. Poverty and Famines: An Essay on Entitlement and Deprivation [M]. Oxford: Clarendon Press, 1981.

[2] Sen A. Development as Freedom [M]. New York: Alfred Knopf, 1999.

[3] [瑞典] 冈纳·缪尔达尔. 世界贫困的挑战——世界反贫困大纲 [M]. 顾朝阳译. 北京：北京经济学院出版社，1991.

缺失在社会中生存、适应及发展的能力才是贫困的内源性因素。能力贫困概念的提出首次将能力匮乏与致贫因素相联系，实现了从"经济一维"向"形式性多维"到"实质性多维"的转变，进而形成了通过重建个人能力来实现社会减贫的"能力扶贫"新理念，对世界反贫困政策理论与实践产生了重要影响。

阿玛蒂亚·森的"能力贫困"概念提出后，得到越来越多学者的认同。例如，钱伯斯（SChambers R.，1995）认为是追求自由、生活水平和福利及追求美好生活的能力被剥夺或匮乏；豪斯霍弗（Haushofer，2014）认为贫困会带来巨大的心理压力，降低注意力，从而导致做出不明智决策和永久性贫困，这就是主观贫困；马索米（Maasoumi，2014）认为个体在教育、生活水平、健康、可行能力等多方面的匮乏形成了多维贫困，最终通过多维贫困指数（MPI）来衡量。可见，关于贫困的概念主要聚焦在两个方面：一方面是因解决生存问题导致的福利贫困；另一方面是因为发展型资本不足导致的能力贫困，这方面则主要以技术、机遇、体制为代表。

在反贫困实践中，能力贫困理念也得到了联合国和国际社会的广泛认同。许多国家和国际组织在反贫困实践中也发现，收入贫困只是贫困的一个中间变量，缺失在社会中生存、适应及发展的能力才是贫困的内源性因素。基于此，联合国开发计划署（UNDP）明确提出一个新的贫困指标，即"人文贫困"，它主要由三个指标构成：寿命的剥夺、知识的剥夺和体面生活的剥夺。随后，2003年的《人类发展报告》明确提出了六条摆脱贫困陷阱的政策组合思路，其中的核心思想在于提高人们的可行能力和改善社会发展环境，如通过投资卫生保健、教育、饮水等设施来培育一支社会参与性强、劳动生产率高的劳动力队伍。当前国际上常用的贫困一词，是由联合国贸易和发展会议（UNCTAD，2016）等国际组织界定的，即贫困在一定程度上是社会参与能力、机会获取能力与收入创造能力匮乏的体现。[①] 可见，"能力贫困"理念已经得到广泛的社会认同。

根据学术界的界定，能力扶贫可以分为"显性能力扶贫"和"隐性能力

---

① UNCTAD. Development and Globalization：Facts and Figures 2016［R］. Geneva：United Nations Conference on Trade and Development，2016.

扶贫"。所谓显性能力扶贫，是指针对自然禀赋和基本生存能力缺失所采取的扶贫措施，其主要措施是经济资助，如制度型的社会救助和社会保险；隐性能力扶贫是针对教育贫困、就业贫困、社交贫困和权利贫困等隐蔽的致贫因素所采取的扶贫措施。实证研究表明，隐性能力扶贫的成效比显性能力扶贫更具有长期性和稳定性。近年来，中国扶贫减贫工作也经历了从显性能力扶贫到隐性能力扶贫的转型，其工作重点也由注重通过资金支持、实物救济、社会保险以提升基本能力以及通过基础设施建设、移民搬迁、医保补贴以提升禀赋能力，转移到通过产业项目建设、教育资源整合、就业能力提升和创业能力培养以提高贫困群众自我发展能力上来。

(二) 教育扶贫思想

高校贫困生就业是实现教育扶贫功能的终端环节。因此，教育扶贫思想为本书了解高校贫困生就业的作用和意义奠定了基础。

从世界范围看，教育扶贫是推行能力扶贫、消除能力贫困的主要途径。所谓教育扶贫，是指政府、教育部门、学校、社会培训机构等通过线上或线下方式传播理论知识、基本技能，提升国民文化素质，带动贫困人群达到脱贫致富目标的一种扶贫方式。

教育扶贫思想最初起源于西方经济学关于反贫困理论的研究中。众多经济学家通过调查分析，论证了教育在促进经济发展和消除贫困方面的积极作用，据此提出应当通过加大资本投入和提升人力资本水平来发挥教育在促进经济发展和消除贫困方面的功能。例如，早在20世纪60年代，美国经济学家舒尔茨提出人力资本理论时，就强调经济发展取决于人的质量，而不取决于自然资源的丰富程度或剩余资本的数量多少；贫困地区落后的根本原因不是物质匮乏，而是缺乏人力资本；加强教育发展对于人力资本的形成、经济结构的转变和经济的可持续发展具有重要意义等重要观点，为教育扶贫思想的兴起奠定了基础。随后，社会学范畴的反贫困研究兴起，极大地扩展了反贫困理论研究的领域。社会学视角的反贫困研究者对经济学家过分强调物质资本投入对经济增长和消除贫困的决定作用提出了质疑，认为文化、观念、社会变革、制度、政策、权利等因素才是造成贫困的主要原因，并提出了贫困文化论和权利贫困论。他们强调教育对贫困文化、观念的打破作用，认为教育对优化社会结构、促进权利分配公平方面具有明显的推动作用。① 教育学视野下的扶贫研究主要包括两个方面：一是扶教育之贫，属于对教育事业的扶贫；二是凭借教育扶贫，即通过发展教育，对其他事业进行扶贫。这一界定是建立在认同教育对社会经济发展具有促进作用这一假设基础之上的。它强调加大对教育事业的投入，发展和壮大教育事业，促进科技进步和人才培养，进而达到促进经济社会发展和消除贫困的目的。这也是反贫困意义上实质性的教育扶贫思想研究（本书对教育扶贫的界定和应用也是基于这种理解）。

在中国，有关教育扶贫的思想始于对西方反贫困理论进行的总结和比较，或者结合中国的反贫困实践进行理论检验、分析和整合。早在20世纪初，我国职业教育的先驱黄炎培先生就创立了中华职业教育社，致力于通过教育解决国民生计问题。著名的现代平民教育家晏阳初一生致力于平民教育和乡村改造运动，他丰富的教育思想对当代中国农村的扶贫工作也具有指导意义。改革开放以后，国内众多学者对教育扶贫思想进行了发展。其主要理论观点包括：教育具有反贫困的作用，而且是一种最有效且最持久的扶贫方式，可以消除贫困的恶性循环，所以教育应被纳入扶贫的资源配置中；教育投资应呈现多样化特点并通过自动分流体制来实现其多样化，使高收入阶层可以选择付费教育，以便将公共教育投资向贫困人口倾斜；教育扶贫是一种较为特殊的社会公共产品。为了建立一种可以弥补贫困人口收入缺口的社会保障体系，就要通过政府来加强对教育的投入，使贫困人口的教育水平得到提高，与此同时，也要加大对基础设施的建设，改善经济环境，提高贫困人口的就业率。

纵观教育扶贫思想的发展历程，尽管其理论体系有待进一步独立和完善，但教育扶贫思想及其扶贫功能得到了广泛认可，并对政府的扶贫政策产生了深远的影响。扶贫必扶智已成为我国扶贫开发的重要任务，在扶贫实践中取得了显著成效。

(三) 高等教育反贫困功能的理论观点

发展高等教育是实现教育扶贫的重要途径。高等教育的反贫困功能是建立在高等经济功能理论和高等教育收益理论基础上的。

---

① 李兴旺，朱超. 教育扶贫理论研究综述 [J]. 科教导刊 (下旬)，2017 (1)：6-8，10.

在高等教育经济功能理论视野下,高等教育的经济功能是指在促进社会经济发展过程中高等教育的地位和所做出的贡献。高等教育主要通过培养高质量人力资源和知识创新来促进经济发展,其驱动作用具体体现在以下方面。

第一,高等教育有促进经济增长的作用。这主要体现在:一是通过改善受教育者现有文化素养和能力结构,以提高其参与社会实践、生产及管理活动的能力;二是受教育者通过把学到的知识技能应用并创新于社会生产和管理活动中,从而提高社会生产力水平。第二,高等教育可以优化经济结构。首先,高等教育结构对经济结构的影响主要由某些专门人才结构来实现。一些高等教育结构是形成这些专门人才结构的前提和基础。因此,高等教育结构必然直接影响专门人才结构的形成,最终影响经济结构。其次,高等教育学科结构也会影响专门人才的岗位类别和专业结构。最后,高等教育的区域结构对于专门人才的区域分布也有影响。第三,高等教育可以提高社会收入水平。正如人力资本理论所言,高等教育不仅与国民经济增长相关,而且为个人收入增长作出了贡献。高等教育可以提高受教育者的人力资本和劳动效率,进而使其获得更高收入。同时,高等教育可以增加受教育者的隐形收入,例如,改变其生活方式和消费行为,改善居家和工作环境,提高理财技能,乃至改善其子女教育质量等。因此,为了提高社会收入水平、缩小贫富差距,有必要扩大高等教育的规模,为社会弱势群体创造更多的高等教育机会。也正是在这个意义上,高校贫困生就业在理论上可以为贫困家庭增加收入,促进其家庭经济减贫脱贫。

高等教育收益理论也是高等教育反贫困功能的重要理论依据。高等教育收益理论认为,高等教育具有多元收益,它包括个人收益和社会收益。社会效益主要体现在降低社会犯罪率,促进国民整体素质的提升,提高社会凝聚力和促进科学技术发展等方面,具有宏观性。个人收益包括外部收益和内部收益,其中,外部收益是个人通过接受教育给受教育者及其家庭带来的货币化收益,通常表现为受教育者就业后薪资及其他收入的增加,而内部收益不可货币化,具体包括受教育者及其家庭在精神和社会地位上的进步等。正是因为高等教育具有这些内外部收益,所以它对促进国家富裕和群众脱贫具有多方面的积极作用。

(四)精准扶贫论述

精准扶贫论述是习近平新时代中国特色社会主义思想的重要组成部分,它是对国内扶贫开发经验的总结，也是马克思主义反贫困理论中国化和中国特色社会主义道路的又一重大创新。精准扶贫论述为本书分析高校贫困生就业问题研究提供了价值理念、工作要求、政策依据和经验借鉴。

精准扶贫是粗放扶贫的对称，是指针对不同贫困区域、不同贫困农户状况，运用科学有效程序对扶贫对象实施精确识别、精确帮扶、精确管理的治贫方式。精准扶贫论述是当前中国治理贫困的重要机制和指导性思想，它从制度、政策以及模式上保证了扶贫工作的顶层设计，对实施步骤和工作方法方面也作了明确要求，确保了2020年全面脱贫大目标的成功实现。

我国是一个发展中国家，人口多、底子薄，扶贫是中国社会主义建设的重要内容，也是一项有着世界典范意义的伟大工作。改革开放以来，我国扶贫开发取得了举世瞩目的成就，走出一条具有中国特色的减贫道路。"精准扶贫"的重要论述最早提出是在2013年11月。针对长期以来扶贫工作中普遍存在的贫困居民底数不清、情况不明、针对性不强、扶贫资金和项目指向不准的问题，习近平总书记到湖南湘西考察时首次作出了"实事求是、因地制宜、分类指导、精准扶贫"的重要指示。2014年3月，习近平总书记参加两会代表团审议时强调，要实施精准扶贫，瞄准扶贫对象，进行重点施策。2015年，习近平总书记提出扶贫开发"贵在精准，重在精准，成败之举在于精准"。2015年10月，习近平总书记在2015减贫与发展高层论坛上强调，中国扶贫攻坚工作实施精准扶贫方略，增加扶贫投入，出台优惠政策措施，坚持中国制度优势，坚持分类施策，因人因地施策，因贫困原因施策，因贫困类型施策，广泛动员全社会力量参与扶贫。由此，"精准扶贫"成为新一轮扶贫开发、脱贫攻坚的核心战略。

精准扶贫方略可以高度概括为"六个精准、五个一批和五个坚持"，其中，扶贫的六个精准是：扶贫对象精准、项目安排精准、资金使用精准、措施到户精准、因村派人精准、脱贫成效精准；扶贫的五个一批是：发展生产脱贫一批、易地扶贫搬迁脱贫一批、生态补偿脱贫一批、发展教育脱贫一批、社会保障兜底一批；扶贫的五个坚持是：坚持扶贫攻坚与全局工作相结合，走统筹扶贫的路子；坚持连片开发与分类扶持相结合，走精确扶贫的路子；坚持行政推动与市场驱动相结合，走开放扶贫的路子；坚持"三位一体"与自力更生相结合，走"造血"扶贫的路子；坚持资源开发与生态保护相结合，走生态扶贫的路子。精准扶贫的目标是实现"两不愁，三保障"，即扶贫对象不愁吃、不愁穿；保障其义务教育、基本医疗和安全住房。中国共产党领导的政治优势和中国特色社会主义的制度优势，是精准扶贫精准脱贫的根本保障。对扶贫对象进行精准识别，实行精细化管理、精准化扶持，是精准扶贫精准脱贫的基础。区别不同情况，在对症下药、精准滴灌、靶向治疗、分类施策上下功夫，是精准扶贫精准脱贫的精髓。发挥基层和贫困户的积极性、创造性，构建政府、市场、社会协同推进的大扶贫格局，是精准扶贫精准脱贫的关键。创新形成持续发挥辐射带动作用的利益联结机制，是产业精准扶贫精准脱贫的核心。

二、就业理论

高校贫困生就业问题既有其特殊性，同时又服从一般性的就业规律和理论。因此在本书中，相关就业理论可以分为一般就业理论、微观就业理论和就业公平理论三类。

（一）一般就业理论[①]

一般就业理论是从宏观层面对就业问题进行的理论解释，具有高度的概括性，为理解高校贫困生就业问题提供了宏观上的理论指导。一般就业理论最早诞生于国外，至今形成了代表市场经济的西方就业理论和代表计划经济的马克思主义就业理论。其中，西方的就业理论奠定在资本主义市场经济规律和实践基础之上。它产生于18世纪中叶，发展于20世纪30年代，至今它的内容已日趋成熟和丰富。按时间划分，一般就业理论大致包括古典就业理论、凯恩斯学派就业理论及现代就业理论三大理论体系。

首先是古典就业理论。这一理论诞生于凯恩斯宏观经济理论出现以前（即20世纪以前）。该理论认为，劳动力市场由"看不见的手"自发调节，认为劳动力市场上的自由调节必然会实现充分就业，失业只是局部和暂时的现

---

① 对一般性就业理论的论述参考了王飞鹏的论文《就业理论综述与研究新动向》，载于《广西财经学院学报》2009年第12期。

象。其理论基石是萨伊定律,坚信生产会自动创造需求,倡导自由放任的市场经济观念,反对政府干预经济。早期的其他就业理论也都以此为基调或与此相近。该理论从萨伊定律出发,认为经济社会中并不存在大规模的失业,失业是劳动力生产供求不相称的结果。如果工资可以随劳动力供求变化而自由涨落,那么通过市场价格机制的自发调节作用,可使一切可供使用的劳动力资源都用于生产,从而实现充分就业,即通过市场均衡自动实现充分就业。因此,要解决失业问题就必须降低劳动力工资。

在这一时期,早期马克思主义的就业理论格外引人瞩目。马克思的就业理论是在分析和研究西方雇佣劳动制度和失业问题的过程中逐步创立起来的,其经济基础是社会主义生产资料公有制,其核心理论是相对过剩人口理论。其主要观点有:劳动力成为商品是形成相对过剩人口的前提条件;生产资料和产品分属于不同所有者是形成相对过剩人口的决定性条件;资本有机构成的不断提高是形成相对过剩人口的必要条件;市场经济是相对过剩人口存在所依托的经济形式。基于此,马克思认为相对过剩人口不仅是资本主义制度的产物,而且是资本主义生产方式存在和发展的必要条件。

其次是近代凯恩斯的充分就业理论。该理论产生于1929~1933年大萧条时期,是建立在一个使严格意义上的非自愿失业成为可能运行方式的理论体系。凯恩斯认为,失业增加的根本原因是周期性的经济萧条所引起的有效需求不足。为此,要治理这种失业就必须依靠政府通过反周期的扩张性宏观经济政策来提高有效需求,通过增加消费和投资以达到促进就业、解决失业问题的目标。

最后是现代就业理论。第二次世界大战以后,虽然凯恩斯主义为西方各主要资本主义国家所普遍接受和推行,但因为凯恩斯主义政策并没有从根本上消除资本主义社会所固有的矛盾,国家干预刺激生产的同时也为更严重的危机提供了条件,最终导致20世纪70年代的经济停滞、失业同通货膨胀并存的滞胀局面。为了解释并解决这一难题,各种新的理论、学说纷纷出现。具体来讲,主要包括以下各理论流派。

第一,后凯恩斯主义的就业理论。该理论代表人物是托宾。托宾认为,结构性失业是现代发达国家常见的现象,其原因归结于产业结构的剧变而引起的社会劳动力供给与需求的结构失调。为此，要解决失业问题单靠宏观的财政政策和货币政策是不够的，还必须运用劳动力市场和人力政策来实现充分就业。

第二，货币主义的就业理论。该理论由弗里德曼提出，其核心是自然失业率假说。货币主义者认为，劳动力市场的运动趋势总是朝着自然失业率的方向发展，加速通货紧缩（或者加速通货膨胀）是实现自然失业率的有效手段。当然，他们也认为，货币政策在短期内对减少失业是有作用的，而在长期内则可能失效。对此，弗里德曼提出了单一货币规则，即货币供给量每年按固定比例增长，以此来提高可接受的通货膨胀率从而减少失业率。与货币主义相类似，反对凯恩斯就业理论的还有供给学派和理性预期学派，但他们从某种意义上讲都是传统就业理论的复归，再次强调自由放任，反对国家干预。

第三，人力资本投资理论。人力资本投资理论形成于20世纪60年代，其代表人物有舒尔茨、哈比森。他们认为，人力资本投资在形成和提高劳动力质量的同时，也使劳动者的劳动能力呈现异质性和不可替代性，为此，劳动力市场政策必须由消极转向积极，即从以保障失业者的生活为目标转向充分开发利用劳动力资源为目标，用人力投资即人力政策来解决失业与职位空缺的矛盾。

第四，发展经济学的就业理论。该理论由刘易斯、费景汉、拉尼斯、托达罗等学者提出，其主题是探讨发展中国家在二元经济结构发展模式下的就业问题。他们认为，经济的发展在于工业部门的资本积累，而资本是发展中国家的稀缺资源，但就业问题的解决要靠工业和农业两部门间的平衡发展。同时，他们认为，在发展中国家大量农村劳动力向城市的流动是经常发生的，这是由于城乡实际收入的差异和获得城市工作可能性的存在，劳动者是根据迁移的预期收入差异与迁移代价之间的比较来决策的。为此，该理论指出，要解决发展中国家就业问题，就必须综合分析、统筹解决。可采取的措施有：一是加速农村经济发展，减少城市的向心力；二是鼓励和促进劳动力市场的自由进出，保护劳动力市场的自由竞争；三是充分重视产业结构调整及各个部门之间比例关系的协调，认识其对解决就业问题的重要意义；四是采取比较密集的中间技术，制定适度技术政策，以适应广大发展中国家非熟练劳动力资源丰富、工资低廉的特点。

第五，当代马克思主义经济学理论。该学派认为，失业现象存在的原因在于资本主义生产的阶级性需要用失业和不安全感鞭策工人、提高生产效率，因此，企业所有者会制造"政治的商业周期"或"资本罢工"引发经济衰退，以达到提高失业率的目的。

与国外相比，我国对就业和失业问题的研究，由于种种原因而长期处于落后状态。总体来说，我国就业理论经历了四个发展阶段。

第一阶段，新中国成立初期的就业理论——统包统配型就业理论（1949~1977年）。从新中国成立到文化大革命结束，我国城镇劳动力由国家实行"统包统配"安置在国有企业、集体企业及机关、学校、事业单位就业，乡村由集体经济组织负责。其特点是"低工资、高就业""终身就业制""行政安置""隐性失业"和"在职失业"。为此，采取的主要就业措施包括：发放救济金和发展生产，恢复经济，积极安排就业；鼓励知识青年上山下乡，接受贫下中农再教育；等等。

第二阶段，改革开放初期的就业理论——市场调节型就业理论（1978~1993年）。自20世纪80年代，我国逐步实行了"劳动者自主就业、市场调节就业、政府促进就业"。承认失业是社会主义市场经济条件下不可避免的社会现象，同时认为，失业是劳动力的劳动权利得不到实现的表现。为此，20世纪90年代以后，国家采取了鼓励灵活就业措施，实施非全日制就业、临时就业（包括短期就业、派遣就业、季节就业、待命就业）、兼职就业、远程就业、独立就业、承包就业、自营就业和家庭就业等就业手段。

第三阶段，市场经济初期的就业理论（1994~1999年）。自1994年7月第八届全国人大常委会第八次会议通过《劳动法》，到1998年6月中央提出"劳动者自主择业、市场调节就业、政府促进就业"的新时期就业方针以来，标志我国市场导向的就业机制初见端倪。

第四阶段，中国特色社会主义市场经济的就业理论（2000年至今）。自2002年9月中共中央、国务院召开全国再就业工作会议，确立积极的就业政策框架以及确立"就业是民生之本"以来，标志中国特色社会主义市场经济的就业理论初步成型，尤其是2008年《中华人民共和国就业促进法》《中华人民共和国劳动合同法》的颁布实施，更标志我国社会主义市场经济的就业理论正在走向成熟。上述政策法规的基本方针是"劳动者自主择业、市场调节就业、政府促进就业"。其目标是建立全国统一的人力资源市场,规范市场秩序,充分发挥市场导向就业机制的作用,最终实现充分就业。

(二) 与大学生就业直接相关的微观就业理论①

除了一般性就业理论外,为了解释劳动力市场的种种具体问题,学者们还提出了许多具有相当解释力的微观就业理论。这些微观就业理论视角多元,内容丰富,观点鲜明具体,其中,国外理论大部分是基于发达国家国情以及成熟的就业制度的经济学规范分析展开,国内理论研究则集中于高校毕业生就业市场的某一方面、某一角度展开分析。总的来看,这些理论为本书理解高校贫困生就业问题的微观背景与成因机理提供了直接的理论和观点借鉴。其内容包括以下方面。

第一,经济增长与就业增长非同步理论。劳动经济学认为,劳动力需求属于派生需求,社会对产品和劳务的需求引致了对劳动力的需求。经济发展是促进就业的根本因素,但是经济发展和就业发展并非同步。因为经济的发展是技术、资金、劳动力和管理等众多生产要素一起作用的结果,其他要素对劳动力的替代性越高,经济增长对劳动力的依赖就越低;其他要素的成本相对劳动力成本越低,经济增长对劳动力的依赖也越低;其他要素较劳动力对经济增长的贡献越大,经济增长对劳动力的依赖也越低。因此,经济增长带动就业增长只是相对并非绝对。

因此,寄希望通过增长经济完全解决高校毕业生就业问题不一定能实现。如果为了就业增长目标而放弃经济增长目标,在实践中可能是荒谬的,因为我国就业人口基数很大,没有经济的持续增长,就业的持续增长是难以想象的。而苛求政府同时实现经济增长和就业增长双高目标,往往也难以实现。于是,理想的状态是兼顾经济增长目标和就业增长目标。但对两个目标的兼顾在实践中很难做到,两难抉择,首先要解决的是经济增长目标。因为经济增长了,就业量水涨船高。但是如果只关注就业增长,可能导致经济徘徊不前,甚至倒退。而经济一旦倒退,就业增长成了无源之水。

---

① 关于具体就业理论的论述主要整理自陈建辉博士和崔鹏博士2007年未公开发表的课题研究报告《高校毕业生就业理论与就业问题研究》。

第二,就业能力不充分理论。就业能力又称之为可雇用性。对高校毕业生就业能力的研究在欧美等发达国家的高等教育研究中非常盛行。哈瑞德·斯库伯格(Harald Schomburg,2000)和琼斯基尼·莫拉(JoseGines Mora,2000)认为,高等教育体系僵化、专业结构设置不合理导致毕业生就业能力不足,是造成大学生失业的主要原因。因此,提高毕业生的就业能力,在大学阶段开展职业辅导,可以减少毕业生失业。欧美国家的一些大学已将就业能力作为大学毕业生能否合格毕业的一个重要指标。

第三,人力资本理论与保留工资。人力资本理论将教育视为个人的一项投资活动,美国学者沃尔什(Walsh,J. R.)将个人的教育费用和以后收入相比较,来计量教育的经济效应。经济学家通过对不同教育程度支付的费用与受教育后因能力提高而取得的收入进行比较,证明了教育投资符合一般资本投资性质。以人力资本理论为依据,劳动经济学以保留工资理论来解释大学生失业现象。

保留工资理论假设就业市场是信息不完全的,求职者在求职前依据对自身人力资本的估计为自己设立预定的工资标准,如果得到的工资出价低于此标准,就拒绝这份工作,继续搜寻;一旦得到的工资出价超过此标准,就接受这份工作,这个预定的工资标准即为保留工资。按照保留工资理论,有学者认为,大学生毕业失业的原因之一便在于其预期的保留工资偏高,高于实际的市场均衡工资。

第四,劳动力市场分层理论。劳动力市场分层理论最早由多林格尔(P. B. Doeringer)和皮奥利(M. J. Piore)于1970年提出,该理论认为,整个劳动力市场可以划分为性质不同的两部分:高级劳动力市场和低级劳动力市场。高级劳动力市场的工作稳定、收入高、工作条件和福利待遇好,个人升迁发展的前景好;而低级劳动力市场工资低、工作条件差且工作不稳定。由于劳动力市场分层造成了劳动者在不同劳动力市场之间的流动障碍。尽管高级劳动力市场中的失业者可以较容易地在低级劳动力市场就业,但由于在两个劳动力市场所得利益的差别,并且由于一旦在低级劳动力市场就业便难以再返回高级劳动力市场,于是高级劳动力市场的失业者宁愿失业也不愿意在低级劳动力市场就业。这也是为什么很多毕业生短期之内,即使在高级劳动力市场找不到合适的工作，也不愿意到基层就业的原因。

第五，工作搜寻理论。1971年，费尔浦斯（Edmund S. Phelps）等经济学家提出了工作搜寻理论，从劳动力市场信息不完全角度讨论了劳动者不断并持续寻找工作的必要性。菲尔普斯认为，失业是劳动者的一种必要的投资，这种投资越多，越能找到满意的工作。在劳动力市场信息不充分、报酬不一致、就业市场工作搜寻时间越长越有可能获得高报酬工作等假定之上，工作搜寻理论认为劳动者为寻找工作而导致的失业时间越长，其所获得工作的报酬就可能越高。但是随着在劳动力市场寻找职业时间的延长，未来寻找的工作的报酬提高幅度递减，搜寻工作成本随着搜寻时间的延长而递增。这一理论解释了大学生失业是一种为工作搜寻而产生的摩擦性失业，毕业生为寻找合适的工作暂时失业是理性的，但是如果寻找时间过长，要寻到更好的岗位难度越来越大，成本也越来越高，因此，有些专家建议毕业生先就业后择业。

第六，筛选理论。20世纪70年代初，美国经济学家斯宾斯（Spence, D.）和索罗（Thruow, L.）认为，教育的作用主要不在于提高人的认知水平，而是对具有不同能力的人进行筛选。筛选理论认为，雇主开始并不了解求职者的能力，尽管他不能直接了解求职者的生产能力，却可以了解求职者的一些看得见摸得着的个人属性和特点，如教育程度、婚姻状况、个人经历等。雇主可以通过这些个人属性和特点来了解求职者的能力。其中，学历成为最直接的信号。由于更多高学历毕业生的出现，使毕业生在这一筛选队列中处于越来越不利的位置，从而导致了高校毕业生的失业。

第七，补偿性工资差别理论和毕业生面向基层就业。人才市场上，有些工作安全体面，所在区域位置较好，有些工作很脏、很累，危险系数较大，并且所处的地理位置也不好。如果毕业生是均质的，那么毕业生会选择那些工作安全体面的工作，而拒绝又脏又累又危险的工作。政府和社会为了调控就业市场，吸引毕业生到脏、累、危险等较差的岗位工作，只能提供高于从事那些舒适工作的工资，高出的这部分工资就是补偿性工资。如果补偿性工资很低或者没有，那么脏、累、危险等较差的岗位就吸收不到毕业生。实际上，毕业生并非均质，市场选择的结果是质量差的、社会关系弱的毕业生向差的岗位配置，质量好的、社会关系强的毕业生向好的岗位配置。因此，为了吸引优质的毕业生面向基层就业,需要给予足够的补偿性工资,否则效果将差强人意。

(三) 就业公平理论[①]

高校贫困生是劳动力市场的弱势群体,其在就业过程中容易遭受不公平待遇,因此,保障高校贫困生的就业公平是本书的重要价值目标。

党的十八大报告提出,公平正义是中国特色社会主义的内在要求。在现代经济伦理范畴中,"公平"既表征主体之间利益分配和利益关系的平衡和相称,又是对这种利益分配和利益关系的一种应当如此的伦理道德评价或感受。罗尔斯(John Bordley Rawls)认为,公平应该具有两条基本原则:一是社会中的每一位成员都应该具有与社会本身所具有的自由体系相融合的一种平等自由的权利;二是面对不平等的社会与经济问题,应满足那些受惠最少人的最大利益。罗尔斯的公平正义观点要求把自然的偶然因素与社会的偶然因素对人生的影响归于无效。在这一理论视阈下,完善的公平观必须实现起点公平、过程公平和结果公平。

就业公平是社会公平的重要组成部分,在构建社会主义和谐社会中起着基础性、先导性的作用。就业公平意味着社会人力资源的充分开发和充分配置,其要素包括以下方面。

第一,参与机会平等。新自由主义经济学家哈耶克认为,真正的平等应该是机会平等,而不是收入或财产的平等。每个公民都应享有平等的自由选择职业的权利,即参与机会的平等。这不意味着政府必须保证给予每个人一份他希望得到的工作,而应该是国家平等地为每一个有工作愿望和能力的人创造工作机会。就业机会依赖于经济形势。国家所能保证的是帮助个人寻找新的工作,并克服导致失业的各种困难,国家有义务在为个人创造就业机会时,不因种族、肤色、性别、宗教和其他社会身份作出任何的区别对待,即应保证人人享有平等的择业权。从宏观上,制定政策和采取相关措施促进经济社会的稳定发展;从微观上,为个人提供适当的就业和职业培训、就业指导和安置。

第二,发展机会平等。发展机会平等是指所有人都应当在以下方面不受歧

---

① 关于就业公平理论的表述参考了王莹的论文《就业公平:理论述评与政策启示》,载于《国家治理周刊》2016年第3期。

视地享有均等的机会；获得职业培训；根据个人的特点、经验、能力和勤勉程度得到相应的晋升；享有同样的就业保障；同样的工作条件，包括工时、休息时间、带薪年休假、职业安全和卫生措施以及与就业有关的社会保障措施、福利设施和津贴。联合国《经济、社会和文化权利公约》规定，缔约各国为实现工作权而采取的步骤应包括技术的和职业的指导和培训。职业培训的目的是提高个人的知识水平和工作能力，既有利于生产力的提高、经济的增长，也可提高个人的生活水平、实现个人的自我发展。另外，人人在其行业中有适当的同等的晋升机会，除资历和能力的考虑外，不受其他考虑的限制。在工作中，不能因为种族、肤色、性别、宗教等理由，剥夺个人晋升的机会。国际劳工组织规定，应将个人的特点、经历、能力或勤勉程度作为提升的标准。

基于上述要求，在实践中平等就业权包含三层含义：一是任何公民都平等地享有就业的权利和资格，不因民族、种族、性别、年龄、文化、宗教信仰、经济能力等而受到限制；二是在应聘某一职位时，任何公民都需平等地参与竞争，任何人不得享有特权，也不得对任何人予以歧视；三是平等不等于同等，平等是指对于符合要求、符合特殊职位条件的人，应给予他们平等的机会，而不是不论条件如何都同等对待。

与就业公平相反，就业不公平通常表现为就业歧视，根据国际劳工组织在《关于就业和职业歧视公约和建议书》中的定义：任何根据种族、肤色、性别、宗教、政治观点、民族、血统或社会出身所作的区别、排斥或优惠，其结果是取消或有损于在就业或职业上的机会均等或待遇平等，从而构成歧视。具体而言，就业歧视包括以下两种。

第一，参与机会不公。无论国际劳动就业领域还是我国，都还大量存在着就业歧视现象。其中，性别歧视和身份歧视是最常见的就业机会歧视。具体表现为在招录的过程中，雇主对于男性应聘者的兴趣明显大于对女性应聘者。并且，几乎在所有国家很多行业职位中，越是在较高地位、收入和责任的职位上，女性职员所占的比例就越低。在中国，户籍和地域的差别是非常重要的身份特征，相关歧视在中国劳动就业领域普遍存在。尤其是户籍歧视，在国际上并不常见，具有独特性和复杂性。

第二，发展机会不公。随着经济社会的快速发展，人才竞争也更加激烈，如今，用人单位对于学历和工作经验的限制也愈加严格。很大一部分岗位，具备一定的学历水平即可胜任的劳动者，却被招聘单位硬性的学历水平要求拒之门外。此外，基于上述身份特征、学历水平的不同而导致的编制内与编制外、农民工与城镇职工等差别，会在工资待遇、补助、津贴、社会保障、职业培训发展机会方面有所体现。

就业弱势群体是任何一个社会都存在的特定群体，对于这类特殊群体的权益如何进行充分有效的援助是任何一个社会都不能回避的问题。为保护就业弱势群体的公平权益，各国政府采取了许多措施。

首先在法律措施方面，美国政府建立了较为健全的就业机会公平的法律制度，明确用人单位的举证责任就是其中之一。即，只要求职者能够证明自己可以胜任求职的职位，用人单位就要承担因未录用原告是出于合法而非歧视的理由的举证责任，否则可判定歧视成立。美国在《民权法案》第七章中明确提出，不能因种族、肤色、信仰、国籍对雇员歧视，不能在雇用、解雇、提升、调动、薪酬管理、培训计划等任何一个就业环节存在歧视。另外，明确法律执行主体。美国公平就业机会委员会（简称EEOC）成立于1965年，在美国共设有53个驻外办公室，其保护的对象是雇员和应聘者。EEOC处理的就业歧视类案件根据雇主性质的差异，又分为两类：一类是雇主为联邦机构的案件，另一类主要是私人雇主、州或地方政府以及教育机构。EEOC是美国执行反职场歧视法律的联邦机构。EEOC从调解利用者即当事人选择纠纷解决方式的立场来践行"调解优先"，并提供程序化、专业化、规范化的调解服务。

其次在行政措施方面，多国政府制定了许多就业服务及就业援助措施，如加大职业培训力度和发展公共就业服务。在具体措施上包括：由专业人员提供灵活、专业化和个人化的咨询服务，根据个人的具体情况提供实用的求职和工作帮助；在职业指导和职业介绍方面加大力度，建立完善的劳动力市场信息统计制度，设立专门的研究评估部门，根据宏观经济指标进行劳动力市场需求调查和预测，根据调查结果对劳动力市场政策提出评估意见；引入市场机制，调动社会的力量参与就业服务项目，从而促进了社会福利的公平和效率；实施就业援助精细化管理，如建立了就业援助评估监督机制，搭建劳动力市场信息监测网络等。

西欧各国普遍重视职业培训,早在20多年前,英国、法国、瑞典、荷兰用于职业培训的费用就占到其劳动市场经费的50%以上,丹麦则高达77%,其就业培训资金所占比例已经超过了失业保险金。英国"从福利到工作"的新政策措施将就业援助对象分为五个群体,即青年失业人口、长期失业人口、单亲父母、残疾或长期患病人口和失业者的配偶。针对不同群体提供因人而异的专家服务,这些专家必须深入了解失业者的具体情况及相应的培训机会与就业机会,然后针对每个人的具体情况提供全方位的咨询服务,主要包括:由专业人员为失业者提供灵活、专业化和个人化的咨询服务,根据个人的具体情况提供实用的求职和工作帮助;保证他们在就业的前12周内照领救济金等;通过工作家庭税收减免、修改社会保险缴费规定、改革所得税制;政府承诺承担起改善公民就业机会的责任,同时要求有能力的个人也相应承担起自己的责任。20世纪90年代开始,德国连续推出了哈茨改革方案,对劳动力市场进行改革。对"合适的工作"重新定义,要求失业期超过1年(老年雇员为18个月)的失业者,应当接受任何合法的工作,无论工作内容和薪酬是否能够令失业者满意。这种做法的主要目的是促进长期失业者更加积极地寻找并接受新工作,在保障失业者基本生活的前提下,强调权利和义务的相对平衡。

由于长期的历史文化等原因,中国劳动力市场中既存在与西方国家共有的不公平现象,也存在中国独具特色的就业不公问题。目前,我国劳动力市场上大量存在的性别歧视、户籍歧视、年龄歧视等现象在法律上并没有明确的认定以及处罚措施。虽然中国劳动力资源丰富,但在就业领域基本上还是属于买方市场,这导致劳动就业领域的不公成为普遍现象。立法的缺失、理念上的不足以及司法救济的不完善导致就业公平在很大程度上还是一项停留在纸面上的权利。以反就业歧视问题为例,我国目前的法律体系中只呈现一个简单的框架,一方面,欠缺一个体系化的审查方法,另一方面,已有的各类法律条款过于笼统和模糊,不具有很强的操作性及可诉性。这导致雇主可以轻易地以自主经营权为自己辩护,而劳动者的平等待遇请求权却难以实现。因此,系统研究国外促进公平就业方面的相关政策措施,对于反思我国劳动就业领域现状具有重要意义。

第三章

高校贫困生就业的质量水平及其异质性

明确高校贫困生的就业状况是考察高校贫困生就业问题的基础，而就业质量可以综合评价高校贫困生就业的量与质，高校贫困生就业状况的集中反映，也是高校和政府精准教育扶贫工作的终端环节和重要着力点。基于此，作为研究开端，本书首先将探究高校贫困生就业质量及其异质性问题。

近年来，高校、政府与社会各界积极合作，贫困生的就业质量不断提升。然而，在相关研究和实践中，仍有几个基础性的问题尚未解决，严重影响了扶贫工作的精准度：首先是就业质量数据的缺失。按照精准扶贫理念的要求，高校贫困生的就业质量数据是就业帮扶精准化的基础，它可以为评判"谁是帮扶重点""如何针对性帮扶""帮扶成效如何"提供数字化管理依据。然而长期以来，国内学界对贫困生就业质量普遍采用定性分析替代量化统计，无论在总体或亚群体层面，贫困生的就业质量数据都处于缺失状态。这就导致了贫困生就业帮扶过程中的"识别难""管理难""评估难"等诸多问题，进而诱发了某些粗放帮扶现象。因此，贫困生就业质量数据的专项测评是当前亟须开展的一项工作。

其次是就业质量异质性分析的缺失。比较是认识事物本质的基本方式。同样，贫困生就业质量的现实内涵与本质特征只有在比较中才能得到彰显：一方面，在大学生普遍面临就业难题的背景下，将贫困生作为重点帮扶对象，其原因在于公众普遍认为贫困生就业质量要低于非贫困生，然而实际情况是否如此，仍需开展贫困生与非贫困生的就业质量比较（即外部异质性分析）；另一方面，在贫困生群体内部，也可能存在就业质量的显著差异，对此分析有助于总结贫困生群体内部的高质量就业经验，这就需要开展贫困生内部亚群体之间的就业质量比较（即内部异质性分析）。然而，现有研究普遍缺乏对这两种差异的量化比较及其成因分析，不利于就业帮扶工作的精准施策。

基于此，本书将基于江西省六所高校的调查案例，以高校贫困生就业质量的外部异质性和内部异质性分析为主线，测度贫困生群体和亚群体的就业质量水平，总结贫困生低质量就业成因与高质量就业经验，并提出更加精准的贫困生就业质量提升措施。

第一节 大学生就业质量评价体系构建

就业质量可以将以往独立分散的各项就业特征值系统地整合为一个综合量化值，因而更能全面集中地反映和比较就业状况。要考察高校贫困生的就业质量，首先应建立其评价模型，它通常包括指标体系、指标权重与评价方法三项要素。

一、指标选择的原则与流程

在国内外研究实践中，就业质量是一套灵活多变的评价指标体系。本书中涉及的评价体系专门针对高校毕业生群体，主要指影响高校毕业生就业质量的相互关联的内在指标，在构建指标体系时应遵循以下原则。

第一，整体性原则。为了确保评价内容整体性，科学合理地反映评价对象，准确阐述评价意图，需要较为完善的指标体系。因此，在构建大学生就业质量评价体系的过程中，应从整体上选择能够相互影响、相互作用的多个指标，合理确定指标数量和层次数量。

第二，简明实用原则。准确地界定相关事物的具体含义是指标的本质属性，为了使评价指标体系更加合情合理、浅显易懂、实用性强，应尽可能地简化操作，选择具有代表性的主要指标来反映整体内容。

第三，可操作性原则。可操作性是指在现实操作过程中，所构建的大学生就业质量评价指标体系需要具备一定的实际使用价值。在选择评价指标时，应选取具有较强操作性的指标，即可以将主观意义上的概念转化为客观层面能够量化的指标。

第四，独立性原则。由于反映高校毕业生就业质量的指标较多，各指标之间的联系较强，甚至包含的内容有交叉、重叠的部分，因此我们在选择指标构成体系时，要特别注意指标之间的关联性，做到既不遗漏主要指标，指标之间又不重叠，保证指标选取的科学性和独立性。

此外，在构建大学生就业质量评价体系之前，有几点需要说明：（1）本书构建的高校毕业生就业质量评价体系反映的是应届毕业生第一次进入劳动力市场的初次就业质量，不包括毕业之后的再就业质量评价。（2）该体系所选择的指标包含两类，一类是客观的，即通过调查可直接统计数据结果的，另一类则是毕业生的主观感受，不能直接用数据描述的。为了使评价结果的信度和效度更高，本书选用的主观指标是学界已运用较成熟的，并且能尽可能量化的指标去替代。（3）由于本书要构建的指标评价体系是从宏观角度对某一区域内的大学毕业生群体进行就业质量评价，因此一些特例影响因素将不予考虑。如有极少数毕业生的初次就业地在国外，和国内就业质量相比，可比性和相关性都不强，则不予考虑。（4）本书的大学生就业质量评价体系并非只适用于贫困生的就业质量评价，同样适用于非贫困生就业质量评价，意图在于设计一个可运用于普遍大学生就业质量评价的指标体系，而后通过实地调研，运用同一个指标体系对比研究贫困生和非贫困生的就业质量。

为遴选评价指标，笔者运用词频法[①]，首先，从文献中筛选出高频词指标，确定指标的初选范围；其次，结合现阶段高校毕业生的就业特征，对评价体系指标进行经验选择；最后，邀请20位专家（包括5位高校就业办负责人、5位劳动就业学者以及10位毕业生）运用德尔菲法修正指标，形成了包括5个一级指标16个二级指标的指标体系（见表3-1）。该指标体系既涵盖就业的量与质[②]，又兼顾了各种主客观因素（前者如环境满意度，后者如周平均工

[①] 词频法即统计关键词在文献出现次数的定量文献研究方法。其做法是：首先确定与研究问题有关的关键词（测量指标），然后统计这些关键词在各个样本（分析单位）中出现的百分比，最后进行比较。

[②] 就业质量有两种测量口径：小口径针对个体就业状况，只考察就业的质，而不涉及就业的量；大口径针对群体就业状况，还需考察就业的量（即就业率）。本书考察的是贫困生群体就业状况，所以也需考察就业的量。

作时间等），是综合国内外研究文献和专家意见的结果，具有很强的科学性与代表性，因此有理由认为，它们可以反映毕业生就业质量的概貌。

表3-1　　　　　　　　　大学生就业质量评价体系

一级指标（权重）	二级指标（权重）	指标内涵与应用	计分标准
就业率（8）	净就业率	落实就业人数/有效调查人数	净就业率+创业率+升学率≥95%为满分，每下降1个百分点，扣0.5分，扣完为止
	创业率	创业人数/有效调查人数	
	升学率	升学人数/有效调查人数	
经济报酬（42）	薪资水平（19.3）	个人平均月实发薪资与就业地平均薪资水平相比	实发薪资=("很高"人次×5+"较高"人次×4+"一致"人次×3+"较低"人次×2+"很低"人次×1)/有效调查人数×5，得分=实发薪资×权重值
	社会保障水平（14.2）	养老、医疗、失业、工伤、生育保险、住房公积金与商业保险	保险与公积金水平=("五险一金及商业保险"人次×7+"五险一金"人次×6+"四险一金"人次×5+"三险一金"人次×4+"五险"人次×3+"四险"人次×2+"三险"人次×1)/有效调查人数×7，得分=保险与公积金水平×权重值
	福利水平（8.5）	含食、宿、行三项补贴	福利水平=("两项及其以上"人次×4+"提供住宿"人次×3+"提供餐补"人次×2+"提供交通"人次×1+"都不提供"人次×0)/有效调查人数×4，得分=福利水平×权重值
岗位特征（22）	工作环境满意度（7.1）	含7项物理与人文因素：单位美誉度、组织文化、人际关系、交通条件、安全性、办公条件、其他条件（绿化等）	单因素满意度=("很满意"人次×4+"满意"人次×3+"较满意"人次×2+"不满意"人次×1+"很不满意"人次×0)/有效调查人数×4，平均满意度=Σ每个综合满意度/Σ因素数量，得分=平均满意度×权重值
	周平均工时（10）	以日工作8小时、周工作40小时为标准工时	周平均工作时间=("每周工作不超过40小时"人数×3+"每周工作40~44小时"人数×2+"每周工作45小时及其以上"人数×1)/被调查人数×3，周平均工作时间≤标准值40小时为满分，超出1小时扣0.5分，扣完为止
	专业对口度（4.9）	职业岗位与所学专业的一致程度	专业对口度=("完全对口"人次×4+"比较对口"人次×3+"一般对口"人次×2+"不太对口"人次×1+"完全不对口"人次×0)/有效调查人数×4，得分=专业对口度×权重值
发展空间（18）	岗位胜任度（3.6）	考察毕业生的职业发展潜力，主观评价	岗位胜任度=("完全胜任"人次×3+"比较胜任"人次×2+"一般胜任"人次×1+"不能胜任"人次×0)/有效调查人数×3，得分=岗位胜任度×权重值

续表

一级指标 （权重）	二级指标 （权重）	指标内涵与应用	计分标准
发展空间 (18)	晋升率 (3.7)	被调查者中有明确晋升渠道的比率	晋升率=("有"人次×1+"无"人次×0)/有效调查人数，得分=晋升率×权重值
	培训率 (3.3)	被调查者中有培训机会的比率	培训率=("有"人次×1+"无"人次×0)/有效调查人数，得分=培训率×权重值
	职业兴趣匹配度 (3.1)	工作岗位与个人兴趣的匹配程度，反映职业发展的潜力，主观评价	职业兴趣匹配度=("完全匹配"人次×3+"比较匹配"人次×2+"一般匹配"人次×1+"不匹配"人次×0)/有效调查人数×3，得分=职业兴趣匹配度×权重值
	行业前景 (4.3)	反映毕业生职业发展的宏观环境，主观评价	行业前景水平=("很好"人次×4+"较好"人次×3+"一般"人次×2+"较差"人次×1+"很差"人次×0)/有效调查人数×4，得分=行业发展前景平均水平×权重值
稳定性 (10)	单位所有制性质 (7.6)	应用单位的所有制和组织性质反映职业稳定性	单位性质水平=("党政机关"人次×5+"事业单位"人次×4+"国有企业人次"×3+"三资企业"人次×2+"民营企业"人次×1)/有效调查人数×5，得分=单位性质水平×权重值
	劳动合同期限 (2.4)	期限越长，职业越稳定	合同期水平=(合同期5年以上人次×4+合同期3~5年（含5年）人次×3+合同期1~3年（含3年）人次×2+合同期1年以下（含1年）人次×1)/有效调查人数×4，得分=合同服务期平均水平×权重值

注：本书调查的对象是初次就业的毕业生，未来晋升情况不明，所以将其转化为就业单位是否为其提供明确晋升渠道的比率来测量。

二、指标体系的内容与计分方法[①]

第一层面是就业率指标。采用该指标主要为了反映毕业生群体的就业量信息，包括以下三个二级指标。

（1）初次就业率。即指毕业生在毕业当年离校前已落实就业单位人数占毕业生总人数的比率。它在一定程度上能反映社会人才需求的大体趋势和高校人才培养质量，教育行政部门通常将其作为考评高校办学水平的重要标准。

（2）自主创业率。即指自主创业人数占调查总人数的比例。目前，就业的范围不仅仅局限于就业，选择自主创业也是灵活就业的一种途径。当前形势

---

① 指标体系的选取和计分方法的选用由笔者和笔者所指导的2017届硕士研究生刘思共同完成，部分内容已经反映在刘思的硕士学位论文《江西省高校贫困生就业质量及其影响因素分析》中。

下，国家鼓励高校毕业生自主创业，同时自主创业率也是衡量高校人才培养质量高低的重要参考标准。

（3）升学率。升学也是就业的另一种表现形式，如考研、国外深造等。高校升学率是指进入更高层次学历阶段继续学习的学生数量占调查总人数的比例。

由于净就业率、升学率和创业率属性相同，具有"可通约性"，所以就业率一级指标的得分采用满分倒扣制计算，净就业率＋创业率＋升学率≥95%为满分，每下降1个百分点，扣0.5分，扣完为止。正因如此，这三项二级指标既无须赋权，也没有单项指标得分。

第二层面是经济报酬指标。该指标反映毕业生的物质收入情况，包括以下三个二级指标。

（1）薪资水平。薪资水平是反映就业质量最直接的关键量化指标之一，它折射出毕业生的个人素质和高校人才培养质量。本书调查中的薪资水平指的是毕业生与就业单位约定的试用期结束后的正式实发月工资（不含住房公积金）。考虑到各地物价水平不同，故未直接采集毕业生薪资数据，而是要求将其薪资水平与就业地平均水平比较。计分标准：薪资水平＝（"很高"人数×5＋"比较高"人数×4＋"与当地相当"人数×3＋"比较低"人数×2＋"很低"人数×1）/有效调查人数×5，其中，"高""低""相当"是相对于就业所在地的平均生活水平而言的，薪资水平得分＝薪资水平×权重值。

（2）社会保障水平：除了基本工资收入以外，社会保障是否健全、数额高低也是毕业生就业时考虑的重要因素之一。社会保障包括基本社会保障（即"五险一金"，具体指养老保险、医疗保险、失业保险、工伤保险、生育保险和公积金）和补充社会保障（即补充商业保险）。目前，不同层次的就业单位和就业岗位给员工缴纳的五险一金和商业保险的数量、金额都不一致，那么，这种差异也可侧面反映毕业生的就业质量。计分标准：社会保障水平＝（"具有五险一金及商业保险"人数×7＋"具有五险一金"人数×6＋"具有四险一金"人数×5＋"具有三险一金"人数×4＋"具有五险"人数×3＋"具有四险"人数×2＋"具有三险"人数×1）/有效调查人数×7，社会保障水平得分＝社会保障水平×权重值。

(3) 福利水平：福利水平主要是指就业单位是否为员工提供食、宿、行等生活补贴。随着生活成本的日益增加，对于刚走出校门缺乏经济基础的大学生来说，食、宿、行等费用无疑是不小的支出，因此福利水平可以反映就业质量。福利水平＝("就业单位提供食、宿、行中两项及其以上"人数×4＋"单位只提供住宿"人数×3＋"单位只提供就餐"人数×2＋"单位只提供交通补助"人数×1＋都不提供×0)/有效调查人数×4，福利水平得分＝其余福利水平×权重值。

第三层面是岗位特征指标。它反映工作的身心舒适度情况，包括以下三个二级指标。

(1) 工作环境满意度。就业工作环境的好坏也会深刻影响劳动者的身心健康，体现了就业质量的高低。同等条件下，工作环境越好，个人的就业质量就越高。工作环境包括物理环境和人文环境两方面，含单位美誉度、组织文化、人际关系、交通条件、安全性、办公条件、其他条件（绿化等）七项因素。计分标准：先分别计算毕业生对单个因素的满意度，然后再计算平均满意度。单因素满意度＝("很满意"人数×4＋"满意"人数×3＋"比较满意"人数×2＋"不满意"人数×1＋"很不满意"人数×0)/有效调查人数×4，平均满意度＝Σ每个综合满意度/Σ因素数量，工作环境得分＝平均满意度×权重值。

(2) 周平均工作时间。合理的工作时间是劳动者的基本劳动权益，各国的劳动法律都对劳动者的标准工作时间进行了规定，我国在《国务院关于职工工作时间的规定》中规定：我国实行职工每日工作8小时、每周工作40小时的标准工时制度。虽然在法律上对劳动者的休息权予以保障，但由于社会竞争日趋激烈，而雇主又在劳动力市场上处于优势地位，劳动者往往会超时工作，尤其是知识型劳动群体的大学毕业生是超时工作的主要人群。所以周工作时间是劳动者就业质量的重要体现。计分标准：周平均工作时间＝("每周工作不超过40小时"人数×3＋"每周工作40～44小时（含44小时）"人数×2＋"每周工作45小时及其以上"人数×1)/被调查人数×3，周平均工作时间≤标准值40小时为满分，超过1小时扣0.5分，扣完为止。

(3) 专业对口度。专业对口度是指毕业生所从事的职业是否属于所学专业的领域。这里的对口并不是要求从事职业与所学专业完全一致，只要在工作中能运用所学的理论和知识，就可称为专业对口。一般情况下，大多数用人单位对所招聘的人才会有一定的学科、专业要求，多数毕业生第一份工作也会寻找与自身专业相对口的工作岗位。计分标准：专业对口率 =（"完全对口"人数 ×4 + "比较对口"人数 ×3 + "一般对口"人数 ×2 + "不太对口"人数 ×1 + "完全不对口人"人数 ×0）/有效调查人数 ×4，专业对口度得分 = 专业对口率 ×权重值。

第四层面是发展空间指标，是指在就业过程中，实现自我价值、提升自我能力的可能性，包括以下五个二级指标。

（1）岗位胜任度。岗位胜任度反映毕业生对工作任务的胜任程度，它反映出当前毕业生的职业发展潜力，也是决定其未来发展状况的重要因素。计分标准：岗位胜任度 =（"完全胜任"人次 ×3 + "比较胜任"人次 ×2 + "一般胜任"人次 ×1 + "不能胜任"人次 ×0）/有效调查人数 ×3，岗位胜任度得分 = 岗位胜任度 ×权重值。

（2）晋升率。晋升率反映的是毕业生未来自我实现和个人发展的可能性。大学毕业生作为一个知识性的劳动群体，更加渴望着个人价值的实现。因此，就业单位为其提供的晋升机会不仅仅是毕业生目前高就业质量的表现，更是其未来高质量就业的保证。鉴于本书调查对象是初次就业的毕业生，对未来的晋升机会难以得知，将采用就业单位是否为应届毕业生提供明确的未来晋升渠道的比率来表示。计分标准：晋升率 =（"就业单位明确提供晋升渠道"人数 ×1 + "就业单位不明确提供晋升渠道" ×0）/有效调查人数，晋升机会得分 = 晋升率 ×权重值。

（3）培训率。培训作为人力资本投资的主要方式，可以提高其就业竞争力，有助于劳动者个人发展，因此获得培训机会也是高质量就业的标志之一。本书用培训率来衡量毕业生的培训机会。计分标准：培训率 =（"就业单位明确提供就业学习的机会"人数 ×1 + "就业单位不明确提供就业学习机会"人数 ×0）/有效调查人数，培训机会得分 = 培训率 ×权重值。

（4）职业兴趣匹配度：职业兴趣匹配度是指毕业生所从事的职业和工作岗位与个人兴趣的匹配程度。美国著名职业指导专家霍兰德认为，人们若选择与自我兴趣类型匹配的职业环境,可以更好发挥个人的潜能,因此对毕业生和用人单位而言,将毕业生置于与自身兴趣相符的岗位上,有利于创造更大的价值。计分标准:职业兴趣匹配度=("完全匹配"人数×3+"比较匹配"人数×2+"一般匹配"人数×1+"不匹配"人数×0)/有效调查人数×3,得分=职业兴趣匹配度×权重值。

(5)行业发展前景:行业发展前景是指毕业生就业单位所在行业的整体前景,行业前景越好,个人发展空间越大。计分标准:行业发展前景平均水平=("很好"人数×4+"比较好"人数×3+"一般"人数×2+"比较差"人数×1+"很差"人数×0)/有效调查人数×4,行业发展前景得分=行业发展前景平均水平×权重值。

第五层面是稳定性指标。在进行就业选择时,工作稳定性通常也是人们考虑的重要因素,稳定的工作不仅是维持生存的基本物质来源,也是个体融入社会、建立人脉的基本方式之一。因此一般而言,工作越稳定,就业质量越高,为了尽量将指标量化,最终选择单位性质和劳动合同服务期限来体现工作稳定性。

(1)单位性质。通常认为,单位性质较大程度上决定了工作稳定性。根据中国体制内外单位的稳定性程度,计分标准确定为:单位性质平均水平=("党政机关就业"人数×5+"事业单位就业"人数×4+"国有企业就业"人数×3+"三资企业就业"人数×2+"民营企业就业"人数×1)/有效调查人数×5,单位性质得分=单位性质平均水平×权重值。

(2)劳动合同服务期限。劳动合同服务期限平均水平=("签订5年以上劳动合同"人数×4+"签订3~5年(含5年)劳动合同人数"×3+"签订1~3年(含3年)劳动合同"人数×2+"签订1年以下(含1年)劳动合同"人数×1+"不清楚"人数×0)/被调查人数×4,得分=劳动合同服务期限平均水平×权重值。

接下来是确定指标权重。指标赋权采用AHP(1~9标度)层次分析法,即依照各级指标形成的递阶层次结构,构造两两比较的判断矩阵,然后编制《大学生就业质量评价指标赋权表》,邀请专家运用德尔菲法进行赋权,再运用MATLAB软件计算判断矩阵的最大特征根及相应的指标权重。

最后是确定评价方法。综合国内外研究文献和专家意见,本书的评价方法采用通行的等级加权平均法,即将各指标的等级分数划分为2~7级,然后对等级分数进行加权平均后进行累加,求出就业质量值(参见表1)。其具体计算方法为:假定就业质量为 M,N_i(i=1,2,…,16)代表评价指标,A_i(i=1,2,…,16)表示各个指标的权重,j 为评价等级(j=1,2,…,7),X 代表总人数,X_j代表各个评价等级的人数,N_{ij}代表各指标的等级质量评分,则就业质量计算模型为:$M = \sum_{i=1}^{n} N_{ij} X_j A_i / X$。

第二节 调查方案与样本信息

为测评高校贫困生的就业质量,笔者向江西省六所办学规模较大的省属重点院校发放了问卷,调查同时设置非贫困生对照组。按受调查者的就读学校、专业、性别合理分布原则,共向2015届本科毕业生发放问卷1215份,回收问卷1021份,回收率84.03%。其中有效问卷901份,有效率74.16%。

统计"毕业生基本信息"后发现(见表3-2),在901份有效问卷中,获得过一种以上资助方式的学生(即贫困生)为478人,其就读专业为人文类74人、社科类117人、理学类91人、工学类196人;未获得任何一种资助方式的学生(即非贫困生)为423人,其就读专业为人文类96人、社科类102人、理学类91人、工学类134人。贫困生就读理工科的比例为60.04%,高于非贫困生53.19%的理工科就读比例。

表3-2 受调查者基本信息统计

学科大类	人文类		社科类		理学类		工学类		合计	
	人数(人)	占比(%)	人数(人)	占比(%)	人数(人)	占比(%)	人数(人)	占比(%)	人数(人)	占比(%)
贫困生	74	15.5	117	24.5	91	19.0	196	41.0	478	100
非贫困生	96	22.7	102	24.1	91	21.5	134	31.7	423	100

毕业去向	净就业		升学		创业		待业		合计	
	人数(人)	占比(%)	人数(人)	占比(%)	人数(人)	占比(%)	人数(人)	占比(%)	人数(人)	占比(%)
贫困生	379	79.3	58	12.1	5	1.1	36	7.5	478	100
非贫困生	306	72.3	72	17.0	3	0.7	42	10.0	423	100

续表

生源地	江西省内		一线城市		粤浙苏闽		其他		合计	
	人数（人）	占比（%）	人数（人）	占比（%）	人数（人）	占比（%）	人数（人）	占比（%）	人数（人）	占比（%）
贫困生	282	74.4	2	0.8	22	5.8	73	19.3	379	100
非贫困生	139	45.4	18	5.9	36	11.8	113	36.9	306	100

就业地	江西省内		一线城市		粤浙苏闽		其他		合计	
	人数（人）	占比（%）	人数（人）	占比（%）	人数（人）	占比（%）	人数（人）	占比（%）	人数（人）	占比（%）
贫困生	135	35.6	104	27.4	98	25.9	42	11.1	379	100
非贫困生	146	47.7	62	20.3	60	19.6	38	12.4	306	100

单位性质	机关事业单位		国有企业		"三资"企业		民营企业		合计	
	人数（人）	占比（%）	人数（人）	占比（%）	人数（人）	占比（%）	人数（人）	占比（%）	人数（人）	占比（%）
贫困生	28	7.4	76	20.0	67	17.6	208	55.0	379	100
非贫困生	86	28.1	53	17.3	37	12.1	130	42.5	306	100

注：表中，人文类专业包括文史哲等文科专业；社科类专业包括经济、管理、政治、法学等专业；理学类专业主要指物理、化学、数学等自然科学基础专业；工学类专业包括计算机、电子、机械、农学等自然科学应用专业。"一线城市"系指北京、上海、广州、深圳，"粤浙苏闽"系指广东（不含深圳和广州）、浙江、江苏和福建等沿海省份。

首先，从毕业去向看，在478名贫困生中，379人上岗就业、58人升学、5人创业、36人待就业，分别占其总数的79.3%、12.1%、1.1%和7.5%；在423名非贫困生中，306人上岗就业、72人升学、3人创业、42人待业，分别占其总数的72.3%、17%、0.7%和10%。贫困生的净就业率和创业率高于非贫困生，而升学率低于非贫困生。

其次，从已就业学生的生源地和就业地看，74.4%的已就业贫困生（282人）来自江西本地，但只有35.6%的已就业贫困生（135人）在江西省内就业（87人为江西生源，占已就业江西生源贫困生的31%），53.3%的已就业贫困生（202人）流向了一线城市和沿海地区；相比之下，45.4%的已就业非贫困生（139人）来自江西本地，却有47.7%的已就业非贫困生（146人）选择留在江西工作（江西生源为71人，占江西生源已就业非贫困生的51%）。可见，江西本地生源中，贫困生出省工作的比例高于非贫困生。

最后，从就业单位性质看，已就业贫困生中，104人在"体制内单位"就业（党政机关13人，事业单位15人，国企76人），约占已就业贫困生总数的45.4%，67人和208人分别在体制外的"三资"企业和民营企业就业，各占其已就业贫困生总数的17.6%和55%；相比之下，非贫困生在体制内就业149人（党政机关30人，事业单位56人，国企53人），比重达已就业非贫困生总数的45.4%；37人和130人分别在"三资"企业和民营企业就业，各占已就业非贫困生总数的12.1%和42.5%。总体来看，无论是贫困生还是非贫困生，体制外就业都占多数，但非贫困生体制内就业的比例远高于贫困生。

第三节 高校贫困生就业质量的外部异质性分析

一、高校贫困生与非贫困生就业质量差异

问卷回收后，将调查数据代入就业质量评价模型后发现，高校贫困生组的就业质量为60.09分，低于非贫困生组的得分（64.23分）。这证实了以往人们的直观印象，即相比非贫困生，贫困生就业质量更低。另外，贫困生群体的就业质量得分虽然低于非贫困生群体，但两者分值差距似乎并不大。对于这一现象，我们在调研中发现，其原因可以归结为两点：第一，在当前精准扶贫的大背景下，贫困生就业得到国家、高校和社会的大力支持，进而提高了贫困生就业质量，这体现了当前精准扶贫工作的成效；第二，部分非贫困生为追求高质量就业而采取的"慢就业"策略对其就业率乃至总体就业质量得分有不利影响。不过尽管如此，贫困生就业质量仍然低于非贫困生，这折射出贫困生就业的先天困境，也反映出加大贫困生就业帮扶成效的必要性。

从单项就业指标得分看，贫困生就业质量状况并非全面低于非贫困生，在就业率和个人发展空间两项一级指标上，贫困生得分甚至略高于非贫困生，唯有在经济收入、岗位特征和稳定性三项一级指标上，贫困生得分低于非贫困生（见表3-3）。从二级指标看，贫困生与非贫困生的就业质量差异可以通过"就业单位性质"指标得到解释——诸多相关研究表明，由于改革不同步，相比外企和民营单位，我国党政事业机关和国有企业等体制内单位在稳定性、社会保障和工作时间方面具有优势，因而拥有更高的就业质量。例如，刘志国与詹姆斯·马（James Ma）运用CHNS数据进行实证研究后认为，体制内单位经济收入和社会地位高，失业风险更小，因此大学生倾向于体制内就业是市场理

性的结果。① 韩丹研究表明，体制内工作在稳定性和福利水平上拥有更高的满意度。② 初次就业尤其如此，这一点在访谈中也得到了证实。多数受访学生认为，虽然体制外就业发展空间相对较好，但体制内就业更稳定，更轻松，社会保障和福利更完善，因而是多数毕业生的首选。本次调查所获数据显示，已就业非贫困生在体制内就业比例（45.4%）远高于已就业贫困生的就业比例（27.4%），所以非贫困生不但在"就业单位性质"指标上得分高于贫困生，而且在"保险与公积金水平""周平均工时"等二级指标上的得分也显著高于贫困生，进而带动"稳定性""岗位特征"与"经济收入"等一级指标超过贫困生，最终使得贫困生就业质量水平低于非贫困生，这也进一步佐证了以往的研究结论。因此，有理由认为，体制内就业比例不同是引起贫困生就业质量外部异质性的直接原因。

表3-3　　　　　　　　　　受调查者就业质量得分统计

一级指标	二级指标	二级指标得分		一级指标得分	
		贫困生	非贫困生	贫困生	非贫困生
就业率	净就业率	—	—	6.75	5.50
	创业率				
	升学率				
经济报酬	实发薪资	12.45	12.21	23.53	26.12
	保险与公积金水平	7.07	9.59		
	福利水平	4.01	4.32		
岗位特征	工作环境满意度	3.83	4.30	12.02	13.78
	周平均工时	4.21	6.33		
	专业对口度	3.98	3.15		
个人发展空间	岗位胜任度	2.99	2.71	13.58	13.11
	晋升率	3.25	2.81		
	培训率	2.11	2.47		
	职业兴趣匹配度	2.08	1.85		
	行业前景	3.15	3.27		
稳定性	单位性质	2.81	3.69	4.21	5.72
	劳动合同期限	1.40	2.03		
合计				60.09	64.23

---

① 刘志国，James Ma. 劳动力市场的部门分割与体制内就业优势研究［J］. 中国人口科学，2016（4）：85-95.
② 韩丹. 工作满意度："体制内"与"体制外"就业者的比较研究［J］. 社会科学辑刊，2010（6）：42-46.

从学生就业竞争力角度看，贫困生与非贫困生为何会在就业单位性质上呈现出显著差异？换言之，贫困生与非贫困生的就业质量差异又是由哪些因素引起的？为此，本书运用词频法提取出影响大学生就业质量的8项个体因素，要求受调查者根据自身就业经验，就这些因素对就业质量的正向促进作用进行赋权，对贫困生与非贫困生的赋权结果进行排序比较，借此总结贫困生就业的薄弱环节，探究高校贫困生就业质量外部异质性的成因。

二、大学生就业质量的影响因素

（一）定量文献研究方法简介

大学生的就业质量受到诸多因素的影响，因此要明确贫困生就业质量低于非贫困生的原因，就必须对其影响因素进行考察。目前，关于大学生就业质量影响因素的文献数量繁多，研究视角多样，导致影响因素数量难以尽数，也难以用于实际研究，因此相关因素亟须进一步整合缩减。此外，由于各文献的研究视角和维度不同，造成分析层次和概念不统一，因素间内涵交叉重复现象严重，有的影响因素作用不显著，缺乏一般性，导致文献中出现频次过低。这些问题都给深入研究带来了不便，因而很有必要对相关文献进行归纳和总结。在研究方法上，亟须将定性与定量方法相结合，较为科学全面地概括出大学生就业质量的关键影响要素。

基于上述问题，为保障因素的提取质量，本书综合运用两种文献定量研究方法——"简单计词法"和"概念组分析法"，对主要研究文献中的影响因素进行提炼，以全面整合凝练相关因素。

定量文献研究是相对定性文献研究而言的。定性文献研究一般指运用定性分析的手段（如分类与归纳等）对获得的文献资料进行分析，找出事物的本质属性，从而分析社会现象的一种研究方法。定量文献研究则是通过对文献中有关内容进行有目的的量化，来分析社会现象或验证理论假设的方法，它主要包括内容分析、二次分析和现存统计资料分析三类研究方法。其中，内容分析法是通过对各种信息传播形式的明显内容进行客观的、系统的和定量的描述和分析，来了解人们的思想、感情、态度和行为，并进而揭示一定的社会、经济结构及其发展趋势的研究方法。

本书将应用内容分析法中的简单计词法和概念组分析法从研究文献中提炼相关因素。其中，简单计词法也称频数计量法，是定量文献研究中最常用的方法，即将单个的词语作为记录单位，统计单词在文献中出现的次数的方法。其做法是：首先确定与研究问题有关的主题词或关键词（测量指标），然后统计这些关键词在各个样本（分析单位）中出现的频数或百分比，最后进行比较。例如，在某个星期的电视广告中，有多少婴儿出现？他们出现的节目所占的百分比是多少？9月份《人民日报》头版头条所发表的文章中政治类、经济类、文化体育类文章各自的篇数及其百分比是多少？

概念组分析法是指将与研究主题有关的关键词分成若干小组，并以小组为单位统计其在文献中出现次数的方法。在这里，每个小组代表一个概念或变量，然后统计各个变量出现次数。概念组分析的统计方式是：这种方法的记录单位仍是单词，并依此计算频数和百分比，但概念组分析中的变量为概念组，所以当属于概念组的某个词出现时，就算该概念组出现了一次，分析时只看出现的次数合计就行了。如"经济"概念组统计方式为：关键词"失业"在样本中出现5次，关键词"通货膨胀"出现3次，关键词"经济衰退"在样本中出现4次，则"经济"概念组合计次数为12次。

由于简单计词法和概念组分析法是以文献本身为研究对象，分析的只是文献外在的、表面的内容，而非内容的深层解释，并主要采用数量化的分析，而不是研究人员的主观判断，因而具有较强的客观性和科学性。本书也将综合应用这两种方法，对现有文献所提出的各种大学生就业质量影响因素进行统计。其应用目的有三个：一是过滤掉在文献中出现频次过低的影响因素（这些影响因素在文献中出现频次过低，其主要原因是缺乏一般性或科学性，因而引不起研究者的重视），以缩减影响因素数量；二是通过概念分组，整合简化影响因素，同时保证因素间的独立性，以克服现有文献中研究视角和概念不统一，内涵交叉重复带来的混乱；三是通过定量研究，保证文献研究结果的综合性和客观性，以克服现有研究中经验归纳大于科学分析的不足。

（二）影响因素的提取和赋权比较

定量文献研究必须建立在高质量文献样本的基础上。笔者通过中国知网筛选出 2010～2016 年 20 篇引用率最高的相关文献，然后罗列出文献中的所有影响因子，再根据影响因子的内涵进行分类，形成相互独立的概念组（即"影响因素"）；再以某概念组在文献样本中的出现频次为依据，统计其百分比，剔除掉某些百分比过低的概念（表 3-4 中显示为"剔除因素"），最后归纳出 8 个主要影响因素：专业水平、通用技能、社交能力、择业观、个人意志品质、社会资本、社会实践经历、准职业形象（见表 3-4）。

表 3-4　　　　　　大学生就业质量的影响因素

影响因素	内涵	频次	有效百分比（%）
专业水平	学业成绩、专业理论及其实践能力	28	19.18
通用技能	英语、计算机、驾驶水平等	21	14.38
社交能力	语言表达能力、沟通能力、面试能力等	19	13.01
择业观	职业兴趣、地域、单位、岗位等个人偏好	12	8.22
意志品质	吃苦耐劳、踏实肯干等职业精神	15	10.27
社会资本	父母、亲友、师长、同学等社会关系网络	16	10.96
社会实践	包括专业实践、实习及其工作经历等	10	6.85
准职业形象	形象、气质等	15	10.27
剔除因素	低频次因素，共 8 个，如机遇、健康等	10	6.85

上述 8 个影响因素对贫困生和非贫困生就业质量的正向促进作用有何差异？为解答上述问题，在问卷"就业质量影响因素调查"中，调查者设置 5 级统计量表，要求受访者根据自身就业经验，对各因素的正向促进作用打分，其目标是考察各因素的总得分在总体样本所有得分中的比重。令第 i 个样本第 j 个影响因素的重要性程度（权重）得分为 x_{ij}，则因素权重测算模型为：

$$a_j = \frac{\sum_{i=1}^{m} X_{ij}}{\sum_{i=1}^{m}\sum_{j=1}^{n} X_{ij}}$$

其后，对调查所获数据进行分类统计，再将权重测量结果转化为条状图进行排序比较，如图 3-1 所示。

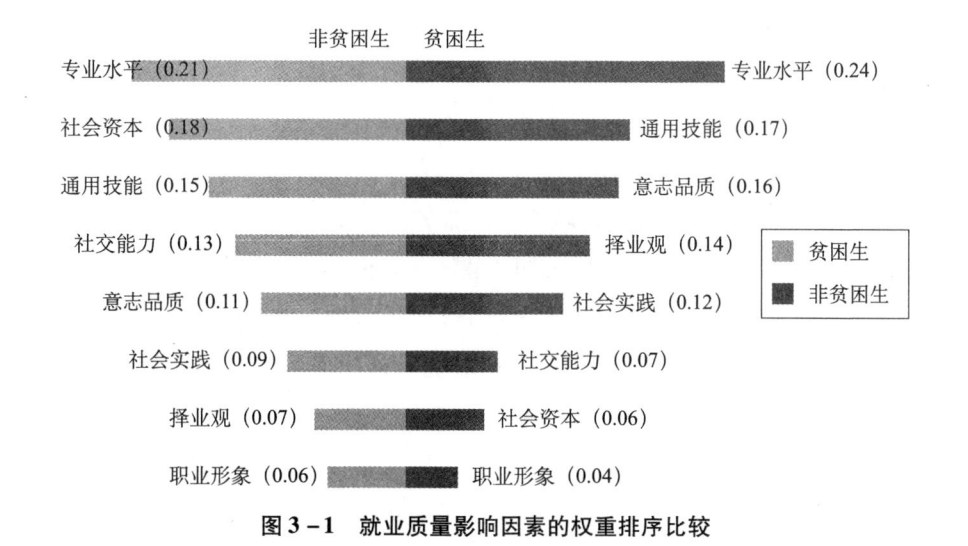

```
               非贫困生    贫困生
专业水平 (0.21) ████████████████████ 专业水平 (0.24)
社会资本 (0.18) ███████████████      通用技能 (0.17)
通用技能 (0.15) █████████████        意志品质 (0.16)
社交能力 (0.13) ███████████          择业观 (0.14)     ▨ 贫困生
意志品质 (0.11) █████████            社会实践 (0.12)   ■ 非贫困生
社会实践 (0.09) ███████              社交能力 (0.07)
择业观 (0.07)  █████                社会资本 (0.06)
职业形象 (0.06) ████                职业形象 (0.04)
```

图 3-1 就业质量影响因素的权重排序比较

三、高校贫困生就业质量外部异质性的成因

上述影响因素的权重值源自受调查大学生的主观评价，反映了他们基于个人就职经验对各影响因素重要性评价的集中趋势。从权重计量结果看，非贫困生群体和贫困生群体对就业质量影响因素赋权既有一致之处，也有明显的差别。

非贫困生群体和贫困生群体在因素赋权方面的一致之处在于：贫困生群体和非贫困生群体都将专业水平作为保障就业质量的首要因素，而职业形象的权重都是最低的。这说明，专业学习仍然是保障就业质量的基础，外形气质等因素的影响总体上相对最小。而在访谈中，多数学生也表示，无论其他因素影响如何，专业水平依然是对自身就业质量影响最大的因素。因此，无论家庭经济状况如何，要提升就业质量，都要从强化专业学习这一根本任务着手。

此外，与非贫困生群体相比，贫困生对意志品质、社会实践和择业观的重视程度均要高于非贫困生。这也是合乎人们的直观经验和生活逻辑的。一般来说，贫困生由于家庭经济困难，求学期背负了较大的经济社会压力，一般懂事较早。因而相比非贫困生，总体上生活比较朴素，更加吃苦耐劳，勤工俭学等社会实践也相对更多，择业心态也更加务实灵活。

再从图 3-1 权重排序结果看，贫困生赋权值低于非贫困生的因素有两个，即社会资本和社交能力,表明这两个因素是贫困生就业的薄弱环节。其中,赋值差异最大的是社会资本:非贫困生认为社会资本是保障其就业质量的第二因素,而贫困生将其正向作用置于倒数第二位。同样,在访谈中67%(20人)的非贫困生表示,在就业过程中得到过他人的重要帮助,而作出同样表示的受访贫困生只有20%(6人)。这就说明,非贫困生就业对社会资本的依赖程度高于贫困生。另外,现有研究已表明,我国体制内就业对家庭背景及其社会资本具有较高的依赖性。例如,韩雷等利用CHNS调查数据研究发现,中国体制内单位就业与父母职业高度相关,存在着明显的职业与职务代际传递现象。[1]中国社会科学院的研究报告表明,城市家庭出身的毕业生进入公有部门的比例(47.8%)远高于农村家庭出身的毕业生(31.1%)。[2]这就可以解释,为何本书调查中贫困生在体制内就业比例远低于非贫困生。此外,贫困生对社交能力的重要性排序也低于非贫困生。这也合乎人们的直观经验和生活逻辑,而且在访谈中得到了证实。73%(22人)的贫困生都表示,由于家庭经济困难,他们较少参加社交活动,而是把业余时间更多地用于勤工俭学等社会实践活动,而这又必将进一步影响贫困生的社会资本。

综合本书调查所获数据、访谈结果和以往研究结论,本书有理由认为,体制内就业比例差异是导致贫困生就业质量外部异质性的直接原因,其根源在于贫困生社会资本和社交能力不足,其中,社会资本不足是主因。

第四节 高校贫困生就业质量的内部异质性分析

一、考察维度的选取

贫困生就业质量的内部异质性分析旨在比较贫困生亚群体的就业质量差异,查找差异成因,进而总结贫困生高质量就业的经验。基于不同的维度变量,贫困生群体可划分为多种就业亚群体。这些变量包括毕业院校、就读专

---

[1] 韩雷,陈华帅,刘长庚."铁饭碗"可以代代相传吗?——中国体制内单位就业代际传递的实证研究[J].经济学动态,2016(8):61-70.
[2] 李培林等.社会蓝皮书:2014年中国社会形势分析与预测[M].北京:社会科学文献出版社,2013.

业、学业表现、性别、户籍、就业地域等诸多因素。由于毕业院校、学业水平等因素对就业质量的影响已被相关研究所证实——董克用等的调研表明，院校层次和学业水平对毕业生就业质量有显著影响，"211院校"毕业生的总体就业质量高于非"211院校"毕业生，学业优良的毕业生就业质量高于学业一般的毕业生。① 贫困生也不例外，本书不再予以探讨。由于内部异质性分析旨在总结高质量就业经验和提升措施，所以考察的维度应侧重选取后天可控变量。基于这一考虑，性别和户籍等因素具有先天不可控性，唯有就读专业和就业地域因素后天可控，政策导向性更强，因而纳入本书的考察范围。

二、基于就业地域与专业维度的内部异质性

首先，基于学科专业维度，将受调查者分为人文社科类贫困生、人文社科类非贫困生、理工类贫困生和理工类非贫困生四组。分类统计后，表3-5显示，其就业质量水平由高到低依次是：理工科非贫困生（65.12分）、人文社科类非贫困生（63.24分）、理工类贫困生（62.94分）、人文社科类贫困生（55.82分）。比较各组得分后不难发现：无论是人文社科类还是理工类，非贫困生就业质量都高于贫困生；但理工类贫困生就业质量不但高于人文社科类贫困生，而且与理工类非贫困生就业质量差异小于人文社科类贫困生与非贫困生的就业质量差异。② 所以理工类毕业生的就业质量更高。

其次，基于就业地域维度，将受调查者分为省内就业贫困生、省外就业贫困生、省内就业非贫困生和省外就业非贫困生四组。分类统计后发现，就业质量水平由高到低依次是：省内就业非贫困生（60.72分）、省外就业非贫困生（56.87分）、省外就业贫困生（54.10分）、省内就业贫困生（52.03分）。③ 无论在江西省内就业还是省外就业，非贫困生就业质量都高于贫困生；但省外就业的贫困生就业质量不但高于省内就业贫困生，而且与省外就业的非贫困生

---

① 董克用，薛在兴．高校毕业生人力资本积累对其就业的影响［J］．中国行政管理，2014（6）：60-63.

② 由表3-5数据可知，人文社科类毕业生中，贫困生就业质量低于非贫困生7.42分，而在理工类毕业生中，贫困生就业质量仅低于非贫困生2.18分。

③ 在表3-5中，省内外就业的毕业生就业质量考察的均为已就业毕业生，因而就业率未纳入统计范围，所以其得分总体上明显低于按专业维度考察的毕业生就业质量值。

就业质量差异更小。① 所以江西省外就业毕业生的就业质量更高。

表3-5　　　　基于专业与地域维度的贫困生就业质量异质性

考察维度		贫困生		非贫困生	
		人数	得分	人数	得分
专业	理工类	287	62.94	225	65.12
	人文社科类	191	55.82	198	63.24
地域	省内	135	52.03	146	60.72
	省外	244	54.10	160	56.87

三、高校贫困生就业质量内部异质性的成因

既然同为贫困生，为何理工科和江西省外就业的贫困生就业质量更高？一个基于劳动力市场分割理论的解释是，由于人才供求关系和地区经济差异，理工科毕业生和经济发达地区的工作岗位更多地处于主要劳动力市场，而人文社科类毕业生和欠发达地区则不然。这一点也可以得到以往相关调研的支持。赖德胜等的调研表明，我国就业质量明显具有区域特点，经济发达的东部优于西部，西部优于中部。② 史淑桃对2001～2007届毕业生调查后发现，受人才供求关系影响，工科类就业质量变化平稳，人文社科类下降明显。③ 麦可思研究院调研表明，我国理工科毕业生的就业率、收入水平和就业满意度高于人文社科类毕业生。④ 但如果仅仅如此，却无法解释另一个现象，即为何都在同一学科或地域平台上开展就业竞争，理工科与发达地区就业的毕业生就业质量就更均衡，而人文社科类和江西省内就业的毕业生就业质量差异更大？所以，另一个更合理的解释是，社会资本的作用也存在专业和地域差异。关于这一点，可以引入社会资本运作空间理论（徐晓军，2002）予以阐释。

本书已经表明，贫困生与非贫困生就业质量差异的最主要成因在于社会资本的差异。然而，社会资本运作空间理论认为，社会资本不同于人力资本，其

---

① 由表3-5数据可知，江西省内就业毕业生中，贫困生就业质量低于非贫困生8.69分；而在省外就业的毕业生中，贫困生就业质量仅低于非贫困生2.77分。
② 赖德胜，石丹淅.我国就业质量状况研究：基于问卷数据的分析［J］.中国经济问题，2013(5)：39-48.
③ 史淑桃.高校毕业生就业质量专业差异的比较研究［J］.黑龙江高教研究，2010(1)：77-79.
④ 麦可思研究院.2014中国大学生就业蓝皮书［M］.北京：2014年社会科学文献出版社，2014.

运用并不是无条件的，它需要特定的运作空间，"社会资本运作空间越大，社会资本的作用就越大，否则就越小"①。具体在劳动就业领域，社会资本的运作空间受到劳动力市场完备性和专业技术壁垒的影响，劳动力市场越完备，专业技术壁垒越高，社会资本的运作空间就越小。②

按照这一理论，高校贫困生就业的社会资本虽然不如非贫困生，但其负面影响在一定程度上是可以规避的：首先从专业角度看，理工类专业技术壁垒明显，人才供需比更合理，就业竞争更多地取决于专业水平而非社会资本；相比之下，多数人文社科类专业技术门槛不显著，就业竞争更激烈，毕业生就业更容易受到人情干扰，因而不利于贫困生就业，所以理工科毕业生的就业质量更均衡。其次从地域角度看，学生的社会资本辐射范围一般局限于生源所在地或就读地，能够跨省的并不多。再加上在经济发达地区，就业环境更完善更公平，就业机会更充分，因而以江西本省生源为主的毕业生在出省就业时，受社会资本影响更小，使得贫困生和非贫困生的就业质量更接近。而对江西省内就业的毕业生来说，社会资本的作用更能得到充分发挥，所以毕业生就业质量呈现两极化：非贫困生就业质量最高，而贫困生的就业质量最低。上述解释在访谈中也得到了证实。多数出省就业的贫困生都表示，许多家里有"关系"的同学都较早地确定了工作，但由于自己"没关系"，所以他们更乐意去就业环境更公平的省外大城市就业。同样，多数理工科学生在访谈时也表示，他们就业虽然也受社会关系影响，但专业成绩和实践技能更加重要，所以就业也相对更公平。

可见，社会资本不仅会引起高校贫困生与非贫困生的就业质量差异，而且会拉开贫困生群体内部的就业质量差距。再加上劳动力市场分割的影响，所以理工类和经济发达地区就业的贫困生就业质量更高，与非贫困生的就业质量也更均衡。同时也可以解释，为何在本书调查中，社会资本不足的贫困生更加倾向理工科就学和江西省外就业。

---

① 徐晓军. 大学生就业过程中的双重机制：人力资本与社会资本[J]. 青年研究, 2002 (6): 9-14.
② [美]詹姆斯·科尔曼. 社会理论的基础[M]. 邓方译. 北京：社会科学文献出版社, 1992: 333.

第五节　政策建议

　　高校贫困生是劳动力市场的弱势群体，其家庭经济困难，生活压力大，再加上缺乏社会资本，因而在择业时处于先天的不利地位。若不加以干预，将会引起严重的阶层固化，影响扶贫效果。因此，今后政府、高校、企业都应对贫困生的就业质量予以充分关注，并采取有针对性的帮扶措施，再加上贫困生的自身努力，进而达到优化就业环境、提升就业质量、促进社会和谐稳定的目的。应用本书的研究结论，可制定若干关于贫困生就业质量的精准提升措施。

　　第一，高校应采用多种手段加大对贫困生就业的帮扶力度。高校是贫困生就业的第一责任人，贫困生是大学生就业群体中的薄弱环节，应成为高校就业工作的重点。目前，国内高校贫困生就业帮扶措施包括就业心理辅导、就业资助、优先推荐、就业指导重心前移等。今后在贫困生的日常学习和生活中，学校应加大帮扶力度，如成立贫困生就业帮扶机构（可与资助办合署办公），专职从事学校贫困生就业扶助与就业质量测评、监督与反馈工作；为贫困生制定有针对性的专业学习和职业发展规划；在日常学习生活中鼓励贫困生努力学习，提高自身综合素质；为贫困生参加勤工俭学、创业、公益事业等各类社会实践活动创造条件；为特困生发放"助就金"；等等。在就业社会资本扶助方面，詹姆斯·科尔曼曾指出，"社会资本是影响大学生就业能力的重要资源，它可从功能上动员社会资本结构的各种要素，帮助大学生实现就业目标"。国内研究也表明，社会资本具有促进就业信息流动、获得就业推荐、减少就业搜寻成本等多种功效。本书的调查再次证实了这一点。因此，今后高校应加强与用人单位的联系，通过优先推荐、动员企业帮扶、设立贫困生招聘专场等形式，为贫困生就业搭建平台；高校教师也应利用自身社会资本，主动帮扶贫困生，形成全员帮扶就业的局面。

　　此外，高校今后可考虑构建高校贫困生就业质量数据库，实现就业帮扶全过程精准化。由于就业质量数据不清，以往的就业帮扶工作存在某些粗放扶贫的现象。例如，在帮扶实践中很难识别帮扶重点，所以只能采取"一刀切"地对所有贫困生实行等额资助，导致扶贫资金"漫灌"；同时，这也导致了难以建立数字集约化的精准扶助管理系统，以及对帮扶措施的成效进行精准评估。因此，政府和高校可联合建立贫困生就业质量动态数据库，定期测评与更新数据；同时，结合就业质量数据的变化趋势，评估帮扶成效，选择最优帮扶方式，确保实现高校就业帮扶的精准识别、精准帮扶、精准管理和精准评估。

第二，政府应建立一般性与专门性措施相结合的贫困生帮扶体系。政府是高校贫困生就业外部环境建设的主力军。在促进贫困生就业方面，政府的首要任务是建设一个公平有效的劳动力市场。由于我国市场经济体制下的劳动力市场起步较晚，再加上传统因素的影响，学生就业质量很大程度上取决于人情和社会关系，这对贫困生就业带来了不利影响。因此，作为公共管理者，政府首先应进一步完善劳动力市场的就业法规和制度建设，优化就业环境，从根本上为贫困生就业提供一个公平公开的就业环境。其次，政府可通过直接的政策干预实现贫困生就业，如借鉴国外经验，采取对企业用工发放补贴，鼓励其雇用贫困毕业生；对贫困生就业咨询、培训、信息传递投入专职经费；在某些公共部门和社会亟须人才的艰苦地区、部门和单位以委托招聘的形式招聘贫困大学生；对家庭特别困难的学生就业采取"政府兜底安置"的措施，直接帮扶贫困生就业，提升贫困生就业的公共社会资本；等等。

第三，企业是贫困生的直接雇用者。在市场经济条件下，企业固然拥有用工自主权，但企业也应充分认识到自身的社会责任，更应认识到贫困生可能具有的吃苦耐劳、踏实勤奋的用工优势。因此，企业可与学校合作，在学生实习、人才招聘工作中，对一些相对艰苦或挑战性较强的岗位，适当向贫困生倾斜。此外，企业还可通过在学校设立奖助学金的形式，资助学生"订单式"就学，毕业后直接进入企业工作。通过这些措施，既尽到企业的社会责任，同时也促进企业发展。

第四，贫困生本人应及早进行就业定位，不断自我完善，制定扬长避短的就学和就业策略。作为受扶助者，贫困生自身的努力是提高其就业质量的根本。首先，贫困生应尽早对就业形势有所认识，在此基础上，根据自身就业优势和劣势进行科学定位。一方面，贫困生应充分发挥自身的潜在优势，努力学习，培养专业特长和通用技能，强化勤奋朴素踏实的意志品质，有条件的情况下多参加勤工俭学等实践活动，积累社会经验，为今后就业奠定基础；另一方面，也应有意识地弥补自身短板，正视社会资本的就业功能，积极参加各类活动，强化自致性社会资本（achieved social capital）。其次，贫困生在入学和就业前，针对社会资本不足的薄弱环节，应制定科学的就学和就业策略。本书研究表明，理工科和发达地区就业的贫困生，其就业环境相对公平，就业质量也更高，因此，贫困生在填报高考志愿和选择就业地域时，可以在充分考虑自身兴趣、职业前景和社会需求的前提下，选择合适的就读专业和就业地域。[①]

通过上述措施，可建立起一个高校贫困生就业质量保障体系，这个体系是一个多层动态循环系统，分为目标层、操作层和输出层。其中，目标层主要是扶助目标，即帮助贫困生高质量就业；操作层包括高校扶助系统、政府扶助系统和社会扶助系统；输出层包括就业质量评价系统和监测反馈系统，其具体工作由高校贫困生就业专职机构负责。在该体系循环作用下，政府、高校、企业、个人四位一体，良性互动，共同帮助实现贫困生高质量就业。

[①] 本书所提出的贫困生就学就业优先策略，建立在考虑自身兴趣和社会需求基础上，而非鼓励盲目扎堆热门专业和"北上广"。进一步看，在市场经济条件下，就读专业和就业地域的冷热分化，是"市场在资源配置中起决定性作用"的必然结果，具有优化资源配置的总体合理性。同时，这一现象的消弭应通过公共政策引导与地区经济和高等教育专业结构的均衡发展来实现，所以贫困生的就学就业优先策略与强调专业结构和就业地域结构均衡发展并不矛盾。

第四章

高校贫困生就业的收支状况及其减贫效应

长期以来,高等教育被视为增加家庭经济收入、摆脱贫困的最佳途径,但从现实情况看,我国虽不乏高校贫困生通过就业实现个人价值和家庭经济减贫的大量案例,但也确有部分贫困生就业困难或收入低微,而少数贫困生因就业状况不佳以致走上绝路的极端案例也不时见诸媒体,导致"教育致贫""寒门子弟读书无用"等说法不时地困扰着社会认知。那么,从总体情况看,贫困生群体就业多大程度上能够满足自身需要乃至促进家庭经济减贫,这是关系到高等教育反贫困功能是否显著的重要问题。

再从研究现状看,高等教育的反贫困功能虽已是学界共识,但长期以来,相关认知主要建立在"直观经验+理论分析"的基础上,缺乏实证调查和量化测算的检验。因此,对高校贫困生就业的家庭经济减贫效应进行调研,能够为国家和个人的高等教育投资提供重要实证依据,也可为我国教育扶贫和就业扶贫的成效评估与制度完善提供决策支持。基于此,本章将对江西五所高校的贫困毕业生展开调查,探求其初次就业后的收支状况及其家庭经济减贫效应,力求从实证层面检验以往关于高等教育经济反贫困功能的认知,最终实现研究范式从定性到定量、从规范到实证的创新。

最后需要指出的是,高等教育具有多元收益,但在本书中,主要是通过考察高等教育个人收益中的外部收益来反映高校贫困生就业的家庭经济减贫效应,对于高等教育的社会收益和个人内部收益,将不予以考察。从理论上讲,寒门子弟若不接受高等教育,直接工作也能产生减贫效应,甚至短期减贫效益可能更显著。但高等教育个人收益不仅限于短期经济收益，还有长期经济收益和非经济收益，所以其收益总体上是大于未接受高等教育者的，但由于调查条件的限制，本书只考察其个人短期经济效益，而不考察其他效益。

第一节　调查方案与样本信息

一、调查方案

本书调查区域确定在江西省南昌市五所省属重点高校。笔者通过简单随机抽样原则确定了 300 名调查对象。每所高校发放 60 份问卷，共发放问卷 300 份，剔除 45 名未就业毕业生的无效问卷后，有效问卷共有 255 份。

问卷主要设计为三部分，第一部分是高校贫困生的基本信息调查，包括性别、所在高校、专业、本科类型、原生家庭所在地、毕业时间、家庭成员等信息。调查上述信息是为了便于探讨高校贫困生就业减贫效应的异质性。

第二部分是高校贫困生的就业状况调查，包括就业时间、工作地点、单位性质、薪资待遇、日常开销等信息。这些调查数据是本书的核心数据。其中，了解就业时间有助于考察减贫效应的时间异质性；了解就业地点、薪资待遇、日常开销等信息有助于分析调查对象帮助原生家庭经济减贫的潜力，也便于统计和分析毕业生的实际经济贡献、家庭经济减贫的客观达标率等。

第三部分是高校贫困生的家庭经济情况调查，包括家庭经济情况、收入来源及其支出情况、致贫原因、贫困毕业生就业后与原生家庭经济往来情况等，这部分数据是为了充分考虑原生家庭贫困程度与负担程度，用于衡量高校贫困生对家庭经济减贫效应的主观满意率等。

本书还将开展访谈。在访谈提纲中，将针对减贫效应极其显著或明显无效的典型案例进行深度挖掘，访谈内容包括家庭基本情况（家庭人口数、劳动力等）、家庭经济情况、收支情况以及就业减贫效应显著或无效的原因等，以获取更多的信息，并借此对问卷结果进行交叉验证或深入补充。

二、样本信息

首先，通过整理问卷基本信息，可以了解受调查者的性别、专业、生源地、就业时长和就业去向等信息。

第一，性别与专业分布情况。在 255 份有效问卷中，男生 132 人，占比 52%、女生 123 人，占比 48%。问卷中将"学科类型"选项设置成理学、工学、人文、社科四个选项，其中，理学类与工学类统称为理科类，人文类与社科类统称为文科类。表 4-1 和图 4-1 显示，在 255 份有效问卷中，理科专业学生 125 人，其中，理学类专业 68 人（男生 53 人，女生 15 人），工科类专业 57 人（男生 50 人，女生 7 人），占比分别为 27% 和 22%；文科类专业 130 人，其中，人文类专业 59 人（男生 15 人，女生 44 人），社科类专业 71 人（男生 14 人，女生 57 人），占比分别为 23% 和 28%。可见，高校贫困生在专业分布上数量均衡，但性别比例存在明显差异：理科类女生仅有 22 人，且仅有 7 人选择工学专业；文科类专业男生仅有 29 人。可见，男生倾向于理科类专业，女生倾向于文科类专业。

表 4-1　　　　　高校贫困毕业生的学科类型及其性别分布

单位：人

学科类型	人数	男	女	文理学科的性别分布
理学类	68	53	15	男生 103 人，女生 22 人
工学类	57	50	7	
人文类	59	15	44	男生 29 人，女生 101 人
社科类	71	14	57	

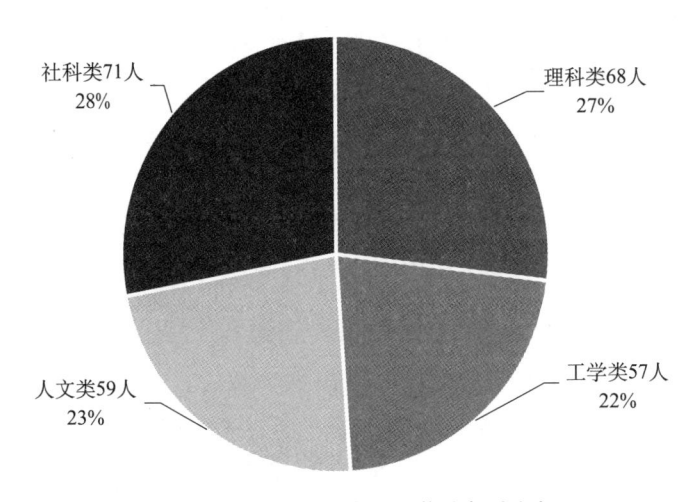

图 4-1　高校贫困毕业生学科类型分布
（社科类 71 人 28%；理科类 68 人 27%；工学类 57 人 22%；人文类 59 人 23%）

第二，家庭所在地分布情况。本书将贫困生家庭所在地划分为大城市、中小城市、城镇和农村四种。图4-2显示，在有效问卷中，有133人来自农村家庭，占比达到52%；城镇家庭贫困生71人，占比28%，来自中小城市的贫困生38人，占比15%，而来自大城市的贫困生只占5%，仅有13人。

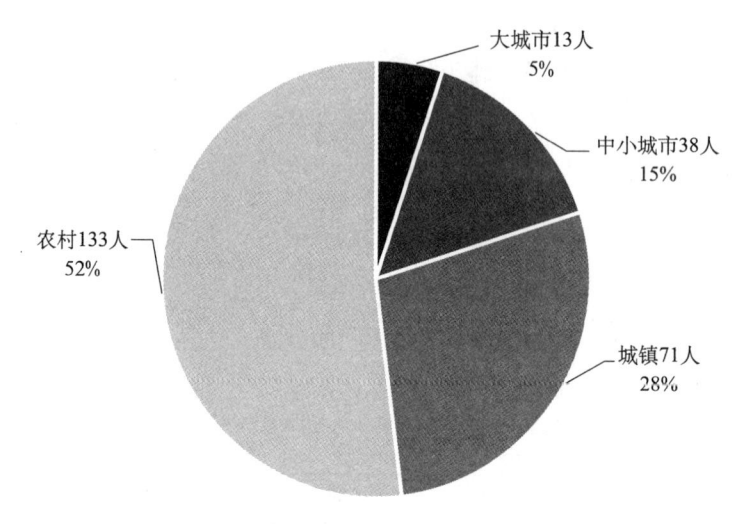

图4-2 高校贫困毕业生家庭所在地分布

第三，就业时长分布。本书将2018届及2019届毕业的学生视为初次就业的贫困生。在255份有效问卷中，2019年毕业的贫困生143人，占56%，而2018年毕业的贫困生112人，占比44%。

第四，就读本科的录取批次。本科层次是指高考后按照不同录取批次的情况。在受调查者中，一本录取的学生最多，达121人，占比48%，其次是二本录取87人，占比34%，三本贫困生仅有47人，占比18%（如图4-3所示）。这应该与江西省已将二本与三本批次合并为二本以及三本学校收取费用较高有关。

第五，高校贫困生的就业率与就业去向。问卷调查结果显示，所调查的300份问卷中，有255人实现了就业，即本书的有效问卷数，总体就业率达到85%，五所高校贫困毕业生的就业率均在80%以上，就业情况较好。再从就业去向看，图4-4显示，高校贫困生毕业后有国内就业、出国（境）就业、国内升学、出国（境）留学、自主创业、自由职业及其他灵活就业等多种去向。其中，选择在国内就业人数最多，有207人，占比81.18%；国内升学有

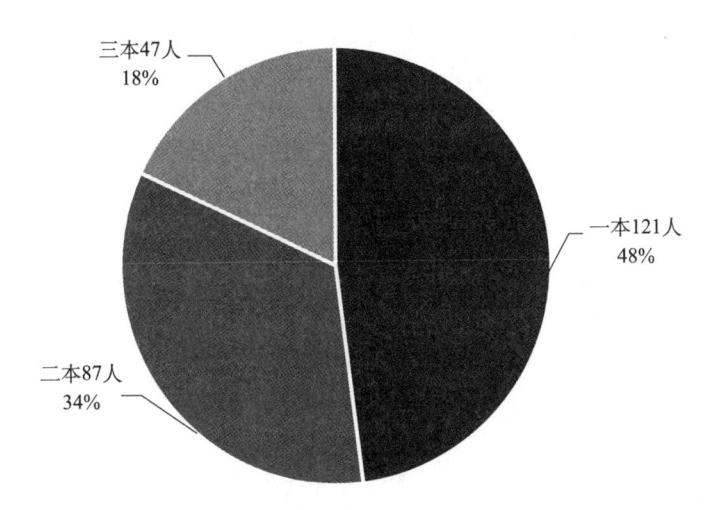

图4-3 高校贫困毕业生就读本科的录取批次分布

34人，占比约为13.33%；选择自主创业、出国（境）就业、自由职业和其他灵活就业的贫困生分别为3人、2人、2人和7人，占比分别为1.18%、0.78%、0.78%和2.75%。值得注意的是，出国留学的贫困生为0人，但并不代表贫困生没有此类需求。访谈中得知，许多有此意愿的贫困生考虑到出国费用、照顾家庭等因素而放弃了出国机会。

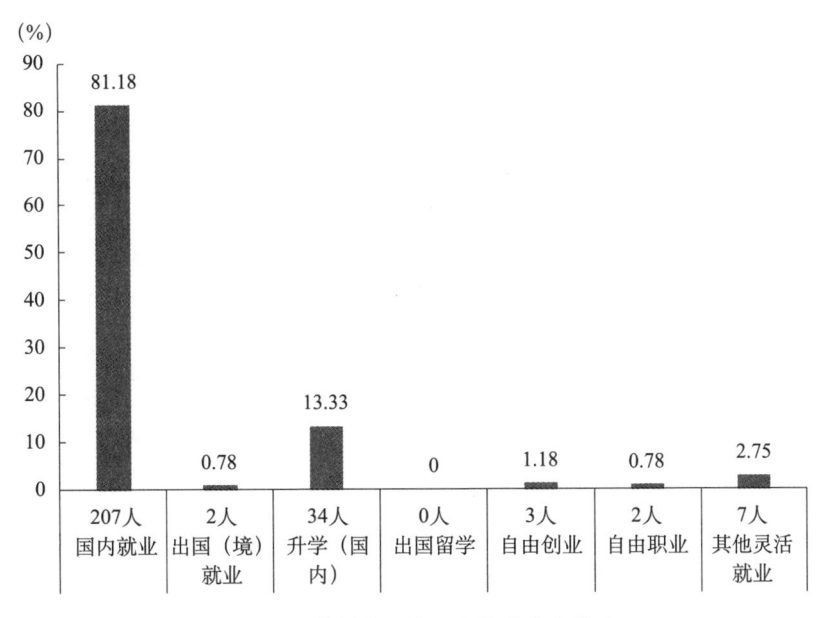

图4-4 高校贫困毕业生就业去向分布

其次，高校贫困生对于就业地点的选择也有所偏向。从国内就业地点来看，图4-5显示，57%的高校贫困生选择了北上广深等传统一线城市和杭州、成都和武汉等新一线城市及沿海地区就业，22%的高校贫困生选择了福州、南昌、汕头等二线城市就业，其中半数以上在南昌工作；而在江西省内地级市就业的分别为35人和15人，占比为14%和6%，仅有1%的贫困生选择在其他地区就业。

最后，从调查结果来看，一般贫困生与特困生的就业率不存在显著差异，但二者在就业去向上存在较大差异。34名选择升学的贫困生中，仅有7人为特困生，其余皆为普通贫困生。访谈中发现，相比继续求学，更多的特困生更愿意留在原生家庭所在地的政府机关和事业单位工作，这样既能稳定经济来源，提高抗风险能力，又能好照顾家庭。于他们而言，这无疑是最好的归宿。

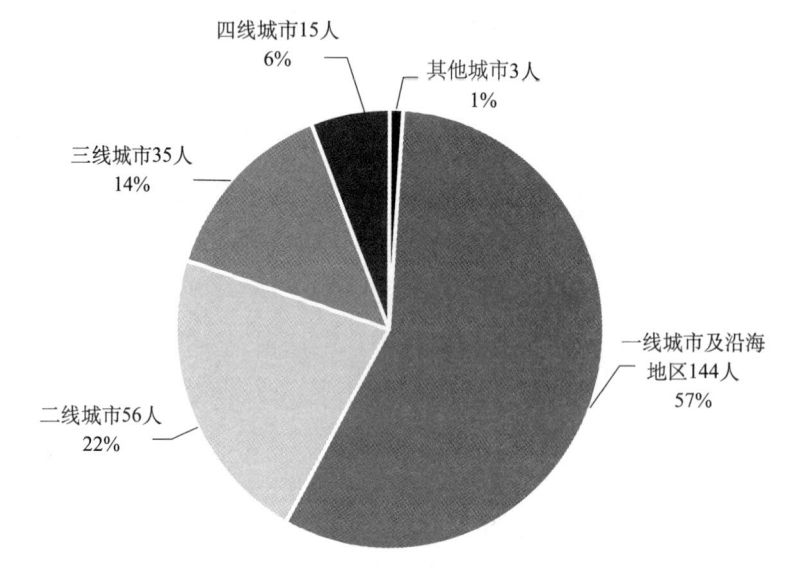

图4-5　高校贫困毕业生就业所在地分布

注：城市分类参照《中国城市新分级名单》。

第二节　高校贫困生就业的收支状况

高校贫困生就业的家庭经济减贫效应很大程度上取决于其就业后的剩余收入，而剩余收入又与其收支水平直接相关。因此，本节将通过问卷数据，整理高校贫困生的就业收支情况和剩余收入,以反映其帮助家庭经济减贫的能力上限。

一、高校贫困生的就业收入状况

高校贫困生就业收入对其原生家庭经济减贫至关重要,是本书的核心指标。图4-6显示,月平均收入在10001元以上的仅有18人,占比约7%;月平均收入在5001~8000元的人数最多,有74人,占比约29%;月平均收入在4001~5000元的有67人,占比约26%;月平均收入在3001~4000元及8001~10000元的贫困生就业人数分别有53人和33人,占比分别为21%和13%;月平均收入在2001~3000元的贫困生有8人,占比3%;月平均收入在1000~2000元的贫困生仅有2人,占比约1%。总体而言,绝大多数贫困生月收入4000元以上,占比高达75%。总体看,贫困生就业收入水平不低。

进一步分析后发现,贫困毕业生就业收入与其就业地域有关,选择一线城市的贫困生就业收入明显高于其他地区,选择在三四线城市的贫困生就业收入虽不算太高,但从整体来看处于中等水平,而部分留在家庭所在地的贫困毕业生经济收入整体偏低。据了解,其原因在于其工作地点大多在家庭所在地城镇,结合当地生活水平看,工资收入水平并不算低。

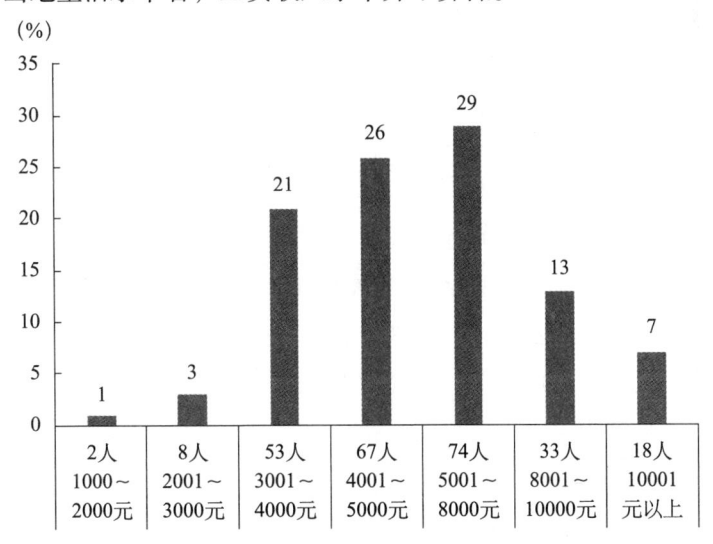

图4-6 高校贫困毕业生的月均收入分布

二、高校贫困生就业后的支出状况

图 4-7 显示，多数贫困毕业生就业后月平均支出处于 1001~4000 元，占比 74%，其中，月平均支出在 2001~3000 元的最多，有 73 人，占比约为 29%，23% 和 22% 的毕业生月均支出在 1001~2000 元和 3001~4000 元；月平均支出在 4001~5000 元的有 33 人，占比约为 13%；月平均支出在 801~1000 元、5001~8000 元及 8001~10000 元的分别为 12 人、10 人和 9 人，占比分别约为 5%、4% 和 4%；月均支出在 10001 元以上的仅有 3 人，占比约 1%，表明有极少数贫困生日常开销较大。

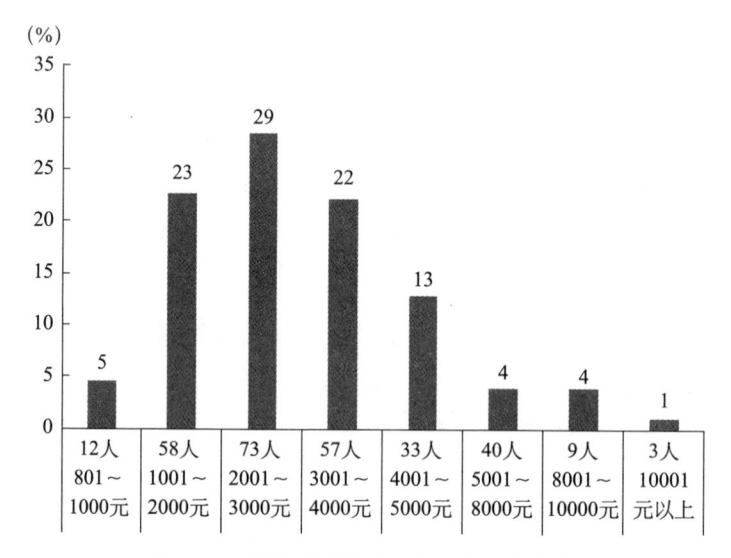

图 4-7　高校贫困毕业生的月均支出分布

可见，不同就业去向的高校贫困生日常支出情况也存在差异。一般来说，发达地区就业的贫困生，其收入水平虽然较高，但其消费标准也高于其他地区，因此其月均支出也较高；而选择小城镇工作的毕业生虽然就业收入不高，但由于离家较近且生活成本低，其月均支出也相对较低。研究中还发现，即使在同一地域，日常支出水平也存在差异。访谈中发现，这主要是源于生活习惯和消费观念不同。为了解其支出状况，问卷中针对"您每月平均支出主要用在哪些方面"的问题，设置了"维持吃穿用度""房租""娱乐休闲支出""偿还房贷或车贷""资助原生家庭""还款（助学贷款、学费及其他欠款）"

及"其他方面"这几个选项。问卷结果显示，对于初次就业的高校贫困生，其每月支出不仅要用于解决温饱问题，还要用于包括恋爱在内的娱乐休闲及房租、还债、帮扶原生家庭等多项支出，这些也直接导致了贫困生就业支出和剩余收入的差异。

三、高校贫困毕业生的剩余收入

理论上讲，贫困毕业生就业后的收入除去日常支出之外，就是其剩余收入。假设剩余收入全部用于帮扶原生家庭经济，则是贫困生对原生家庭经济帮扶的最高上限，也是其家庭经济减贫能力的上限。本书将其称为贫困毕业生对原生家庭经济贡献的理论上限。若该上限为正数，说明这部分贫困毕业生具备帮助原生家庭经济减贫的潜力；若该上限为零或负数，说明就业后的可支配收入仅能勉强自给乃至入不敷出，不但无力帮助原生家庭，可能还需要父母接济。在这种情况下，当然也没有减贫效应。

通过调取问卷中就业收支数据，结合贫困生对剩余收入的自我测算数据，得到图4-8剩余收入分布数据。图4-8显示，78%的贫困生就业后剩余收入为正数，表明超过3/4的贫困毕业生具备帮助原生家庭经济减贫的能力，但其减贫能力存在差异。从剩余收入分布看，月均剩余收入分布在1~1000元、1001~2000元和2001~3000元区间的人数分别为36人、33人和61人，占比分别约为14%、13%和24%；27人和21人的月均剩余收入分布在3001~4000元及4001~5000元，占比分别约为11%和8%；剩余收入分布在5001~6000元和6001~8000元区间的，分别有9人和6人，占比分别约为4%和2%；月剩余收入达8001元以上的有6人，占比为2%。

值得注意的是，在255份有效问卷中，有22%的人没有剩余收入，其中，月剩余收入为负数和0元的分别有26人和30人。也就是说，10%的贫困生就业后入不敷出，12%的贫困生就业后仅能勉强自给。通过抽样访谈发现，有1人因自身原因目前只有基本工资，3人每月需偿还车贷，2人因创业失败欠债，反而需要原生家庭补贴。这部分毕业生的收支状况需要引起社会关注。

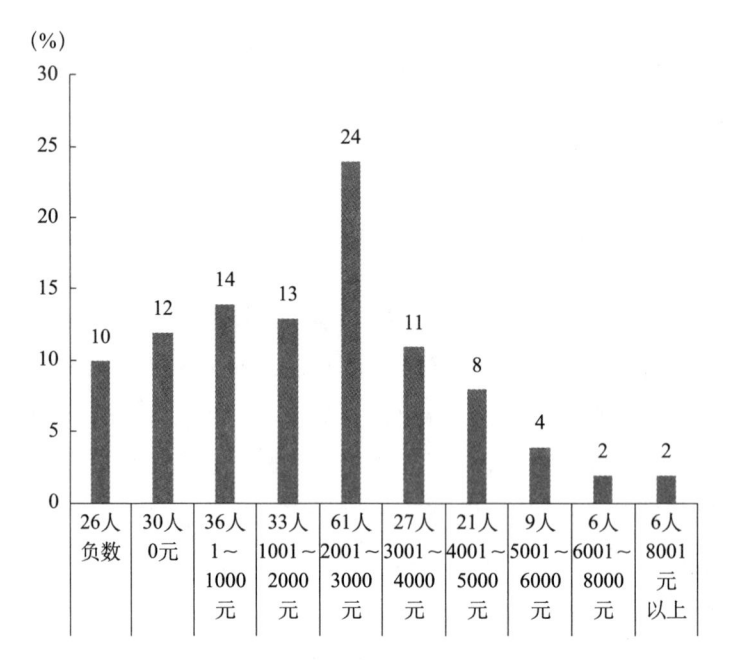

图4-8 高校贫困生就业的月剩余收入分布

第三节 高校贫困生就业的家庭经济减贫效应

一、高校贫困生就业对家庭的实际经济贡献

高校贫困生就业后存在剩余收入,并不能代表其就一定会产生家庭减贫效应。例如,部分贫困生可能因不愿帮助原生家庭,或剩余收入需要购置房产汽车而自顾不暇,等等。所以,剩余收入并不能与其对原生家庭的实际资助直接挂钩。因此,有必要单独就贫困毕业生对原生家庭的实际经济贡献进行考察。

贫困生对原生家庭的实际经济贡献,主要以两种形式表现:一是为原生家庭成员购买物品,二是将剩余收入赠予原生家庭。图4-9显示,除56人未向原生家庭提供过任何经济帮助外,78%的毕业生对家庭具有经济贡献,但其贡献存在差异。年均实际经济贡献为1~6000元的人数超过一半,占比51%。其中,年均实际经济贡献在1~1000元有15人,占比约为6%;年均实际经济贡献在1001~2000元的有27人,占比约为11%;年均实际经济贡献在2001~

3000 元的有 24 人，占比约为 9%；年均实际经济贡献在 3001～4000 元、4001～5000 元和 5001～6000 元的分别有 30 人、34 人和 15 人，占比分别为 12%、13% 和 6%；年均实际经济贡献在 6001～7000 元、7001～8000 元、8001～9000 元和 9001～10000 元的分别为 8 人、9 人、3 人和 5 人，占比分别为 3%、4%、1% 和 2%；年均家庭资助金额达到 10001～20000 元和 20001 元以上的毕业生分别为 17 人和 12 人，占比分别为 7% 和 5%。

可见，凭借自己的工作收入，超过 3/4（78%）的高校贫困毕业生在自给自足的同时，还资助了原生家庭，其中半数以上的贫困生每年家庭援助金额达 3000 元以上，这部分资助必然对其原生家庭经济产生了减贫效应。

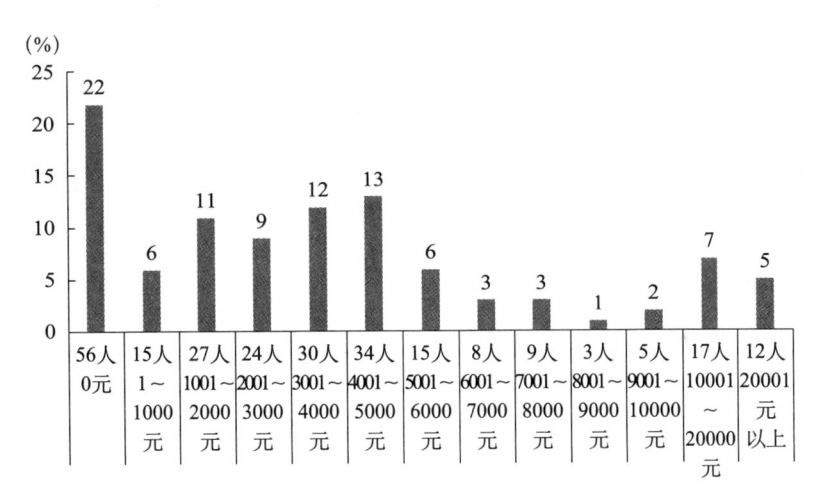

图 4-9 高校贫困生就业对原生家庭的年均经济贡献

二、高校贫困生就业对家庭经济减贫的客观达标率

考虑到高校贫困生就业对家庭经济减贫效应评价的客观性，本书将通过"客观达标率"这一指标进一步测算高校贫困生就业对其家庭经济减贫效应。基于此，本书将高校贫困生原生家庭所在地的脱贫标准线作为参考标准，结合贫困生就业后对家庭实际经济贡献情况来考察家庭经济减贫的客观达标率。

地区脱贫标准线是指在一定的时空和社会发展阶段条件下，维持该地区居民在当地基本生存所必需消费的物品和服务的最低费用，又称其为贫困标准。在 255 份有效问卷中，其原生家庭所在地覆盖全国东、中、西部的 59 个不同地区，这些地区脱贫标准线亦不相同，总体处于人均收入 2000～4000 元不等。计算后发现，其脱贫标准平均值为人均收入 3457.87 元。在本书中，将高校贫困毕业生实现家庭经济减贫的标准设定为：若某毕业生每年资助家庭的金额达到 3457.87 元及其以上，则至少可使一位家庭成员实现脱贫，则该家庭实现了有效减贫。

前面研究显示，有 199 人对原生家庭具有实际经济贡献，将其实际经济贡献值与个人脱贫线平均值进行对比后发现，133 人（占比约 52%）的实际经济贡献值超过了个人脱贫标准平均值 3457.87 元，其中，有一半的贫困生对原生家庭的资助甚至超出脱贫标准平均值的两倍。因此可以认为，有近 52% 的贫困生对原生家庭的资助达到或超过了个人脱贫标准平均值。

三、高校贫困毕业生就业对家庭经济减贫的主观满意率

考虑到高校贫困毕业生的个体差异以及原生家庭贫困程度和家庭经济负担程度存在显著差异，本书将引入"主观满意率"的评价指标，从高校贫困毕业生自评的角度出发，衡量其就业对原生家庭经济是否具有减贫效应。

本书在问卷中设置了"您就业后原生家庭经济情况是否得到显著改善"和"您对自身就业后带动家庭经济减贫是否满意"两个问题。在问及"您就业后原生家庭经济情况是否得到改善"时，75% 的贫困生选择了"是"。他们大都认为，在其就业前，家庭经济来源主要依赖于父母务农务工，收入不稳定。自从自己就业后，很大程度上减轻了家庭经济负担，增加了收入来源。在问及"您对就业后带动家庭经济减贫是否满意"时，5.71% 和 23.81% 的贫困生对于自身就业后带动家庭经济减贫感到"非常满意"或"比较满意"，有 53.33% 的高校贫困生觉得自己对于家庭的帮扶力度应该再大一些，因而选择了"一般满意"。由此可见，多数高校贫困生认为就业促进了其原生家庭经济减贫。

在调查中，有 25% 的贫困生认为自身就业后家庭经济状况未得到改善，还有 16% 和约 1% 的毕业生对家庭经济减贫的效应"不满意"和"非常不满意"。进一步访谈发现，这部分毕业生的原生家庭大多存在特殊情况，比如近期遭遇变故、父母中有一方亡故、受教育人口增加或有家庭成员重病在身等，

而自身就业收入有限，给予家庭的资助可谓杯水车薪。此外，也有部分毕业生否认帮扶原生家庭观点的必要性，或因其他个人因素，就业后并未资助原生家庭，所以他们均认为其就业并未改善家庭经济状况。

需要注意的是，在调查中出现过某些贫困生虽然对家庭的实际经济贡献低于当地脱贫线，但其对于减贫效应的主观满意度依然较高的个案。经访谈了解到，有的贫困生身体不佳或家中有房贷，就业后医疗支出或房贷改由自己负担，因此给予家庭资助虽然少，但家庭经济状况却得到改善。又如，由于种种原因，部分贫困生就业后，其原生家庭经济状况进一步下滑，但是考虑到如果没有他的资助，家境会更差，因此其自认为就业还是改善了家庭经济状况。

综合上述分析可知，贫困生群体的就业状况良好。无论从其对原生家庭经济贡献上限、实际经济贡献，还是客观达标率和主观满意率来看，多数贫困生就业后对原生家庭经济具有减贫效应，有的还具有家庭整体脱贫效应。而且，除了短期经济效益，高等教育价值还体现在长期经济效益和非经济效益方面。所以，读书无用论的观点是不可取的。

第四节 高校贫困生就业减贫效应的异质性分析

前面所探讨的高校贫困生就业减贫效应，是以所有受调查贫困毕业生为样本的，然而从问卷调查数据看，按不同的变量划分，在贫困毕业生群体内部还存在着多个亚群体，其就业减贫效应也存在显著的差异。这主要体现在以下五个方面。

第一，基于专业的家庭经济减贫效应异质性。问卷数据显示，分布在高剩余收入和减贫效应区间的理科毕业生人数明显多于文科毕业生。这很大程度上是由于理科专业收入水平更高，而在同一就业地域内，其剩余收入也高于文科类毕业生，理科类专业高校贫困生对家庭经济减贫效应更大。

第二，基于就业地域的家庭经济减贫效应异质性。问卷数据显示，在发达地区就业的贫困毕业生，其就业减贫效应明显好于其他地区就业的毕业生。其可能的原因在于：其一，经济发达地区就业机会相对平等，收入水平高，其剩余收入虽然相对当地物价水平缺乏购买力，但用于家庭减贫则能凸显出优势；

其二，经济发达地区对理工科人才需求量大，而理工科本身收入水平就较高，这就进一步放大了高校贫困生发达地区就业的减贫优势。

第三，基于性别的家庭经济减贫效应异质性。在255份有效问卷中，123名女性贫困生就业后对家庭的实际经济贡献总和，远超132名男性贫困生的总和，而且测算后发现，女性贫困生对原生家庭的平均资助额更是远高于男性。其原因可能在于：其一，女性往往比男性更加早熟，家庭观念也更强，因此更愿意将剩余收入资助原生家庭；其二，男性事业心往往强于女性，生活压力较女性也更大，婚恋支出也相对更高，因此其剩余收入更少，导致无力资助原生家庭。

第四，基于本科类型与就业时长的家庭经济减贫效应异质性。问卷数据显示，一本院校贫困生就业收入高于二本院校，二本院校毕业生收入又高于三本院校，这很大程度上反映出教育质量、个人能力和毕业院校声誉对就业质量的影响。另外，问卷发放时间为2019年年底，以此时间点为基准，2018届贫困毕业生月平均收入明显高于2019届贫困毕业生。其可能的原因在于：入职半年的毕业生，因工作能力、年资和晋升等因素，其就业收入低于就业一年半的贫困生，进而导致其家庭减贫效应有显著差异。

第五，基于致贫原因的家庭经济减贫效应异质性。问卷调查显示，受调查者家庭经济困难的原因主要有六个：一是原生家庭所在地为贫困地区，没有稳定的收入来源，家庭开支又大；二是原生家庭子女多，劳动力人口数偏少；三是因教致贫，受教育适龄人口多；四是因病致贫；五是自然灾害致贫；六是家庭遭遇重大变故。比较诸项指标数据后发现，高校贫困生就业减贫效应存在家庭致贫原因方面的异质性。其中：因病致贫和因自然灾害致贫的毕业生对家庭经济实际贡献最大，几乎等同于剩余收入，在客观达标率上也实现了对家庭经济减贫作用，其减贫效应的主观满意率也最高；其次是因地区经济落后和多子女致贫的高校贫困生，其家庭资助金额也大多超过了当地个人脱贫线。其可能的原因是：家庭致贫原因虽然不会影响高校贫困生的就业收入，但可能影响贫困毕业生的资助意愿和日常支出。例如，因病致贫和自然灾害致贫的家庭子女，毕业后为家庭减贫的动力和心理准备可能更加充足。

第五节 政策建议

通过本书可以发现，高校贫困生就业对其家庭具有减贫效应，但家庭经济减贫效应有待进一步提升。正因如此，我们在继续大力发展高等教育的同时，应在国家、高校、自身等多方共同努力下，提升高等教育质量，加大贫困生就业帮扶力度，促进高校贫困生就业，以进一步推进高等教育扶贫的成效。

第一，国家应大力发展高等教育，持续推进教育脱贫。对于贫困生群体，我国不仅要重视精准资助，更要注重育人方面，确保高等教育质量，把"扶志"与"扶智"作为贫困生培育工作的重点，帮助其掌握脱贫致富的知识与技能，不断增强自身脱贫的内生动力。

第二，经济困难家庭应摒弃读书无用论的不良影响，同时认识到高等教育投资收益的复杂性和长期性，适当调低短期预期，理性对待高等教育投资。

第三，高校应大力提升人才培养质量，积极开展精准就业指导和就业帮扶。首先，高校要为社会培养优秀人才，就要密切关注人才需求，加强课程体系改革，改革教学方法，提高贫困生就业质量；其次，要完善高校就业指导体系，根据贫困生就业意愿对其进行专门的就业指导与就业培训，加强校企合作，为贫困大学生提供更多实习平台，为其就业奠定基础。

第四，高校贫困生要树立正确的就学就业观，增强自我发展能力。首先，贫困生要充分认识自身优势和劣势，尽早制定科学的职业规划。在专业选择上，贫困生应结合学业基础、家庭经济情况和个人兴趣专长合理选择专业。同等条件下可优先选择竞争力更强的理工类专业，文科类专业贫困生在校期间应掌握实用技术，如办公软件的熟练使用、外语听说读写技能等。在就业地点选择上，高校贫困生群体就业后可选择在相对公平、机会较多、收入更高的大城市就业，促进贫困生家庭脱贫。其次，贫困生要端正学习态度，学好专业知识与技能，注重自身全面发展，提升自己的就业竞争力。

第五章

高校贫困生就业扶助机制的运行及其优化对策

近年来,随着高校毕业生就业压力的加大,高校贫困生的就业问题受到社会各界的关注。为促进贫困生就业,国内不少高校和政府出台了关于贫困生就业的资助和帮扶政策。这些资助措施又可以分为经济资助和非经济资助两种方式,前者提供物质支持,后者提供心理、信息、知识、技能等方面的多元化支持。然而,相比较为完善的高校贫困生入学和生活资助体系,高校贫困生的就业扶助机制建设与运行总体上仍处于分散而自发的探索之中,专项研究也不多见,尤其是缺乏关于贫困生就业经济资助的调查。因此,本章将以经济资助为主、非经济资助为辅,对高校贫困生就业扶助机制的运行状况进行典型案例调研,总结其成效,发现其问题并探求成因,最后提出完善建议,以促进高校贫困生就业。

第一节 调查方案与样本信息

一、调查方案

对江西省内几所高校进行走访后,本书选择江西省省属重点高校——A大学为主要调查对象。该校现有各级各类学生3万人,其中全日制本科生约2.1万人,贫困生占全体在校本科生的30%左右。该校高度重视学生就业工作,近年来呈现出良好的态势,先后获得"普通高校毕业生就业工作先进集体"

"普通高校毕业生就业工作评估优秀等级"等国家级和省级荣誉。为帮扶贫困生就业,该校从21世纪初开始建立贫困生就业扶助机制。目前,该校贫困生就业扶助措施相对齐全,覆盖面较广,其成效与问题在国内具有一定的普遍性和代表性,适合充当调研对象。

调查采用问卷和访谈两种方式进行。"A大学贫困生就业扶助现状调研问卷"的发放对象为2017届和2018届本科贫困毕业生(进入A大学贫困生档案库的学生)。调研问卷采用线上发放,共回收问卷497份,经过统计分析,有效问卷为465份,有效率为93.56%。在有效问卷中,2017届贫困毕业生203人,2018届贫困毕业生262人(其性别和学科分布见表5-1和表5-2)。从表中数据来看,在参与问卷调查的贫困生中,2017届与2018届的学生人数比例为1:1.29,男女比例为1:1.64;而据学校提供的贫困生档案信息数据,2017届与2018届贫困生的人数之比为1:1.25,贫困生总体男女比例为1:1.49;此外,学校主要学科都有一定比例的学生参与问卷调研。因此总体看,调研对象具有一定的代表性,基本可以反映学校贫困生的概貌。

表5-1　　　　　　2017~2018届调研对象性别分布　　　　　　单位:人

毕业届别	男生数量	女生数量	总计
2017	81	122	203
2018	95	167	262
合计	176	289	465

表5-2　　　　　　2017~2018届调研对象的学科分布　　　　　　单位:人

毕业届别	经管类	理工类	文史类	其他类	总计
2017	89	53	37	24	203
2018	101	65	60	36	262
合计	190	118	97	60	465

在访谈方面,对该校学生资助中心管理者、招生就业处管理者和部分贫困生进行了深度访谈。其中,对学生资助管理中心的访谈主要了解该校贫困生的基本信息,包括人数、家庭背景、在校生活和学习情况等;对招生就业处的访谈旨在了解2017届和2018届贫困毕业生的就业情况与学校就业扶助工作实施情况;贫困生访谈主要了解其就业情况和切身感受。在此基础上,再走访南昌市其他几所省属大学,获取更多有关贫困生就业扶助的开展和实施情况,探究高校贫困生就业扶助中存在的普遍问题和原因。

二、受调查就业信息

毕业生就业率是衡量一所高校办学水平的重要指标。通过对省内几所高校的学生资助中心进行走访后得知，各高校的贫困生数量占全体在校本科生的25%~35%，A大学的贫困生数量占全体在校本科生的25%左右，由此可以看出，贫困毕业生就业情况对整体毕业生就业率有重要影响。

根据A大学招生就业处和学生资助中心提供的2017届和2018届本科毕业生的就业数据，2017届本科毕业生约5000人，其中贫困毕业生1276人，约占毕业生总人数的25.5%；2018届本科毕业生约5500人，其中贫困毕业生1593人，约占毕业生总人数的29%。总体来看，贫困生占学生总数的27%，略高于1/4。

表5-3和表5-4统计了2017届和2018届贫困毕业生和所有本科毕业生国外升学、国内升学、自主创业、待就业和已就业人数比例。

表5-3　　　　2017~2018届贫困毕业生主要去向　　　　单位：%

毕业届别	国外升学率	国内升学率	创业率	就业率	待业率
2017	0.72	3.92	0.16	18.8	1.8
2018	1.07	5.09	0.09	19.8	2.3

表5-4　　　　2017~2018届本科毕业生主要去向　　　　单位：%

毕业届别	国外升学率	国内升学率	创业率	就业率	待业率
2017	9.9	13.4	0.9	67.9	7.9
2018	10.9	14.5	0.5	64.3	9.8

从表5-3和表5-4中可以看出，A大学贫困生的就业呈现以下特点。

第一，贫困毕业生选择留学和创业比例远低于平均水平，但国内升学率略高于平均水平。在2017届和2018届本科生中，分别有9.9%和10.9%的毕业生去国外深造；而贫困生留学人数占本科毕业生人数的0.72%和1.07%，只占出国留学毕业生的7.84%和10.17%，远低于27%的平均人数占比；有0.9%和0.49%的本科毕业生选择自主创业，而贫困生的相应比例是0.16%和0.09%，占创业毕业生的17.78%和18.37%，也低于其27%的平均人数占比；选择国内读研的本科毕业生比率为13.44%和14.52%，而贫困生的相应比率为3.92%和5.09%，占国内升学毕业生的比率为29.16%和35.06%，略高于贫困毕业生的平均人数占比。

第二，贫困毕业生直接就业比例高于平均水平。直接就业是贫困毕业生的主要选择。在2017届和2018届本科毕业生中，直接就业的毕业生比率为67.9%和64.3%。贫困毕业生直接就业的比率达到了18.8%和19.8%，占直接就业毕业生的比率为28%和30.8%，都高于贫困毕业生的总人数占比。

第三，贫困毕业生待业率低于平均水平，但情况不容忽视。2017届和2018届本科毕业生中，待就业人数占毕业生总数的7.90%和9.8%，而待就业贫困毕业生占毕业生人数的1.80%和2.4%，约占当年待业学生总数的23%和24%，均低于贫困生的总人数占比。贫困生待业率虽相对较低，但他们家庭经济紧张，多年的学习却未能及时实现就业，很容易加剧贫困的代际传递，导致读书无用论蔓延，需要引起高校和社会各界的关注，也应是高校贫困生就业扶助的重点对象。

关于贫困生就业去向的选择原因，A大学招生就业处老师指出，贫困生将直接就业作为第一选择，主要还是受家庭经济条件的限制。在缺乏家庭资助的条件下，贫困生不会轻易选择国外留学或创业，而作出留学和创业选择的贫困生，基本都获得了助学金、奖学金或是企业资助。相比之下，就业可以增加家庭收入，养活自己，读研大多是国家公费，所以贫困生更倾向于此类选择。

与非贫困生相比，A大学贫困生的就业还有以下特点。

一是签约时间滞后。根据学校每年的统计数据显示，贫困生与就业单位签署就业协议、劳动合同等的时间，经常比非贫困生要晚3个月，有的是因为自身准备不足，或就业竞争力不强，没能及时找到满意的工作；有的是因为准备研究生、公务员等考试，基本放弃了秋季招聘会。但前者应该是主要原因。

二是就业竞争力偏弱。主要表现在贫困生在大学四年，参选和担任学生干部人数偏少，而这是某些用人单位在招聘时考虑的重要条件。有一技之长是求职的加分项，而贫困生普遍缺乏文艺特长，参加学校社团文化活动、就业创业相关比赛不够积极，没能充分锻炼自己。此外，对于求职面试的技巧掌握不到位，团队沟通协作的能力欠缺，遇到突发情况，应变能力不足。例如，贫困生B同学，来自农村低保家庭，母亲残疾，父亲务农，家庭收入不高，还有负债，家中还有弟弟上高中，性格偏内向，大学四年在班上默默无闻，各项活动基本不参加，求职就业经历了两次失败，一次在个人即兴演讲环节被淘汰，一次在无领导小组讨论环节被淘汰，明显感觉到自己在表达、沟通等方面能力不足。

三是就业心理问题多。面对就业，心理准备不足，就业压力较大，容易表现出不自信，对就业过分焦虑和担忧，甚至是害怕就业。在就业过程中遇到一两次求职失败的经历，容易产生自卑自怨的消极情绪，自我心理调适能力欠缺。例如，贫困生C同学，来自单亲家庭，几年前父亲患病去世，欠下了负债，家中有年迈、体弱多病的爷爷奶奶需要抚养，母亲一人在外打工，收入微薄，面对就业，非常焦虑，缺乏与家人和朋友的沟通，经历了几次简历投递失败，一度情绪消极，对就业失去了信心。

第二节　高校贫困生就业扶助机制的现状与成效

目前，在A大学的贫困生就业扶助中，主要有来自政府的贫困生一次性补贴和学校提供的"双困生"补贴，以及社会公益提供的就业补贴三类。这三类就业扶助降低了贫困生的求职成本，提高了就业竞争力，缓解了贫困生就业心理压力，总体上起到了积极作用。

一、高校贫困生就业扶助的来源与措施

第一，政府求职补贴。习总书记在党的十九大报告中指出，"就业是最大的民生"。高校大学生就业事关社会和谐稳定与社情民心。在精准扶贫的背景下，高校贫困生就业更是就业工作的重点，为此，政府出台了不少关于促进高校贫困毕业生就业的扶助政策，要求各高校建立贫困毕业生就业信息数据库，全面掌握个人及家庭基本情况，有针对性地为其提供就业指导、求职补贴、岗位推荐、技能培训、专场招聘会等帮助，要建立"一对一"的帮扶机制，实行"一生一策"的动态管理，力求做到精准发力，精准扶助，一个都不能少。[1]

---

[1] 教育部关于做好2018届全国普通高等学校毕业生就业创业工作的通知. 中华人民共和国教育部网站［EB/OL］. http://www.moe.gov.cn/srcsite/A15/s3265/201712/t20171207_320842.html, 2017-12-4.

在这一背景下，江西省人力资源社会保障厅、江西省教育厅等六部门共同发布政策，为省内高校贫困毕业生提供一次性求职补贴，2017届和2018届毕业生的补贴标准为每位符合条件的学生1000元。① 2017届毕业生的发放对象为有就业愿望并积极求职的残疾人毕业生、城乡居民最低生活保障家庭中的毕业生和已获得国家助学贷款的毕业生，2018届毕业生的发放对象又增加了贫困残疾人家庭中的毕业生、建档立卡贫困家庭中的毕业生和特困人员毕业生。据A大学招生就业处提供的数据显示，2017届本科贫困毕业生中有515人、2018届贫困毕业生中有500人获得了此项求职补贴，占贫困生总数的35%。

第二，学校提供的"双困生"专项就业扶助金和"一对一"就业帮扶措施。A大学高度重视贫困毕业生的就业工作，并为"双困生"即家庭经济困难且就业困难的毕业生提供专项就业扶助金，每年预算30万元。据学校招生就业处数据显示，2017届毕业生中"双困生"172名，2018届毕业生中"双困生"272人，约占贫困生的15.4%。

根据学校管理办法，符合以下六种情况之一且存在就业困难的毕业生，就应列为就业扶助的重点对象：第一种，享受城市居民最低生活保障家庭的学生；第二种，零就业家庭的学生；第三种，父母均为下岗失业人员的学生；第四种，孤儿或未就业单亲贫困家庭的学生；第五种，来自烈士或优抚的特困家庭的学生；第六种，父母因患有重病、身体残疾丧失基本劳动能力的农村家庭的学生。学校每年在"双困生"建档完成后，就为其开设一次求职辅导讲座，同时以现金形式给予每人400元求职启动经费，用于资助其参加就业培训和考证的报名费、简历制作费、参加招聘会的服装费、入职体检费等；对于需要参加异地招聘活动的"双困生"，A大学也适当补助两地之间的求职往返交通费，资助金额为每人不超过600元，两项合计最高不超过1000元。

除学校提供的"双困生"就业扶助金外，学校各教学院系还制定了"一对一"就业帮扶措施。学院通过前期的摸底排查，建立就业困难贫困毕业生的档案库，确定需要重点扶助的对象，委派专人进行一对一就业扶助。就业扶助的形式包括定期组织座谈会，交流学习、生活、求职情况，为其答疑解惑，

---

① 江西给困难高校毕业生发求职补贴每人1000元. 大江网 [EB/OL]. https://baijiahao.baidu.com/s? id=1587756067639109670&wfr=spider&for=pc，2017-12-25.

摆正就业心态；开设就业培训讲座，内容涉及简历制作、求职礼仪、笔试策略、面试技巧等，提高其就业竞争力；提供相关就业政策的咨询，利用微信、QQ等网络平台，畅通各类招聘就业信息的传递，提高贫困毕业生应聘的准确性；在有条件时优先向企业、单位重点推荐贫困毕业生，降低就业难度；及时通知有需要并符合条件的贫困生申领或申报省里的一次性求职补贴、学校的求职补贴和H慈善基金会的大学生就业扶助等，降低他们的求职成本。

第三，H慈善基金会提供的贫困生就业资助。H慈善基金会是一家经政府注册的非公募慈善基金会。大学生就业扶助项目是H慈善基金会的首推项目，其目的在于帮助家庭经济困难且就业存在困难的应届毕业生，通过资助与合作的方式，改善其求职环境，提高其就业能力，促进就业机会平等。在A大学，H慈善基金会每年资助100名学生，约占贫困生的6.6%。

H慈善基金会采用邀请和申报相结合的方式，在全国范围内遴选大学生就业扶助项目的合作院校，扶助对象是合作高校的应届本科贫困生。该项目为申请者提供现金资助、能力提升和就业服务相结合的就业扶助形式。其中，每名受助学生可获得3000元现金资助，大四上学期每人拨付2000元，下学期拨付1000元。该项目还提供为期两天的毕业生就业能力提升培训，由H慈善基金会派出老师授课，主要内容有简历制作及相关技巧、面试解析、求职礼仪、自我认知与心理、职业规划等，课程内容实用，深受受助学生欢迎。此外，H慈善基金会还依据自愿原则，为部分受助学生提供个性化的就业服务，对其就业薄弱环节给予有针对性的就业指导，提升其就业能力。

二、高校贫困生就业扶助的成效

第一，降低了贫困生求职成本。表5-5显示，在受调查者中，求职成本在3000元以下的人数占受调查者总数的88.82%，其中，求职成本在1001~2000元的有217人，占受调查者总数的46.67%。他们的求职成本一般包含服装费，简历、证书、奖状、自荐信的制作打印费，外出求职的交通住宿费，入职体检费等。这笔费用对贫困生来说是一笔不小的开支。多数贫困生不愿意向家庭伸手，只能尽量减少求职支出，甚至是放弃一些好的求职机会。按照政府、学校和社会机构的就业资助力度，理论上最低可申领400元，最高合计可申领 5000 元。总的来看，就业资助金很大程度上可以覆盖贫困生的就业支出。所以在统计调查问卷中发现，所有获得过各类就业资助的学生，在回答关于就业资助对其自身的作用时，都选择了"降低就业成本"。这也说明，就业资助最直接的作用是降低了贫困生的求职成本和经济顾虑，也使其能增加就业投入，以提升就业竞争力，增强就业信心，对其求职成功具有重要作用。

表 5 – 5　　　　2017～2018 届贫困毕业生的求职成本人数分布　　　　单位：人

毕业届别	1000 元以下	1001～2000 元	2001～3000 元	3001～4000 元	4001 元以上
2017	53	94	35	18	3
2018	71	123	37	26	5
合计	124	217	72	44	8

第二，提高贫困生的就业竞争力。A 大学通过开设就业指导课程、就业培训讲座，讲授求职面试技巧、简历制作技巧、求职礼仪、提供相关就业政策的咨询等，提高了贫困生的就业能力；通过各学院实施的一对一就业帮扶，进一步细化了对贫困生的就业指导，让他们及时建立了应有的就业意识，树立了应有的就业态度；引入 H 慈善基金会大学生就业扶助项目，更让一部分贫困生得到了就业能力提升的专项培训，这些举措都切实提高了贫困生在就业市场上的就业竞争力，提高就业信息的对称度，使其求职更有目的和方向性。所以在统计调查问卷中发现，在回答关于就业资助对其自身的作用时，只要是被认定为"双困生"或申请到了"H 慈善基金会大学生就业扶助项目"或获得过学校"一对一就业帮扶"的贫困生，都选了"提升自身综合能力"，受助学生也反映，学校是他们获取就业信息和提升就业能力的主要渠道，使其求职就业的道路上获益良多。在这个意义上，贫困生就业资助提高了学生的综合素质，起到了发展型资助应有的作用。

第三，缓解贫困生就业心理压力。与非贫困生相比，贫困生所表现出的就业心理压力问题更多、更复杂。马建新的调研中，415 名贫困生中有 70.85% 的贫困生表现出就业焦虑。[①] 而 A 大学贫困生通过一系列就业扶助措施，对就业环境、就业政策、求职常识等有了一定的了解，也增加了就业投入，充分缓解了他们的就业心理压力。据问卷调研的统计数据，有 28.60% 的贫困生认为

---

① 马建新. 高校贫困生就业焦虑的现状及对策 [J]. 教育与职业, 2014 (29): 90 – 92.

高校的就业扶助缓解了他们的就业心理压力。

第三节 高校贫困生就业资助机制问题

A大学的就业资助机制固然取得了相当的成效,但同时也存在一些问题。通过省内走访发现,这些问题在其他高校也不同程度地存在。这些问题主要表现为以下方面。

第一,贫困生就业资助资金发放滞后,资助面有待拓宽,不完全合乎发放精准和力度精准的精准资助要求。就业经济资助对降低贫困生就业成本具有重要作用,但在调查中发现,不论是政府、高校还是H慈善基金会的就业经济资助,其发放都存在滞后性,难解贫困生的燃眉之急。

表5-6显示,江西省政府的求职补贴和H慈善基金会的就业资助,通常在大四下学期的五六月发放,有时也会在上学期发放。各高校自行设立的专项就业扶助资金,发放时间也存在差异,但也是在毕业当年发放(A大学一般在大四上学期发放,但也要到当年的11月份才能发放到位)。然而,毕业生求职的最佳时间是每年9月初至11月底的秋季招聘会,再就是次年3月初至4月底的春季招聘会。为做好求职准备,毕业生们通常在大四开学前就会准备好个人简历、面试服装等。而各项就业资助基本都到大四上学期末才开始发放,会让贫困生们因为缺乏资金处于被动地位,使就业资助效果大打折扣。这也是广大贫困生反馈意见最多的问题。所以在调研问卷中"您对完善高校贫困生就业扶助有什么建议"的回答中,有246人写了"提前发放就业资助",占调研人数的52.90%。

表5-6　　　　2015~2018届各项就业经济资助的发放时间

毕业届别	一次性求职补贴	H慈善基金会就业资助
2015	2015年6月	2014年11月
2016	2016年5月	2015年11月
2017	2016年12月	2016年11月
2018	2018年6月	2017年12月

另外,就业资助的资助面有待拓宽。高校通常会把贫困生分为贫困和特别贫困两个等级,或是一般贫困、贫困和特别贫困三个等级,有的高校还给出了

一个指导比例,一般贫困生占在校学生总人数的15%、贫困生占在校学生总人数的10%、特别贫困生占在校学生总人数的5%。政府提供的一次性求职补贴发放对象的限定范围基本都属于"特别贫困生",这就意味着其余贫困生大多不符合申请条件。表5-7显示,受调查者中,76名"特别贫困生"均获得了政府求职补贴,而"贫困生"和"一般贫困生"获助率很低。A大学2017届与2018届共有贫困毕业生2869人,获得"一次性求职补贴"的共有1015人,占贫困毕业生的比例为35%,这表明有近2/3的贫困生未得到补贴。相比之下,学校和H慈善基金会的就业资助面更小,前者资助面为15.4%,后者资助面仅为6.6%。即便不发生任何重复资助,三项就业资助相加,资助面也仅占贫困生的一半,这意味着有将近一半的贫困生得不到任何就业资助。

表5-7 不同贫困等级获得一次性求职补贴人数

贫困等级	贫困生总数(人)	获得求职补贴人数(人)	所占比例(%)
特别贫困生	76	76	100
贫困生	146	53	36.30
一般贫困生	243	32	13.17

第二,工作衔接滞后,贫困生就业资助缺乏部门协调。高校贫困生的就业扶助工作应是一个全员参与的工作,需要学校、学院等相关各方通力配合,相互协调,从而根据每位贫困生的不同情况,有针对性地实施帮扶和资助。

通过对A大学和其他几所高校的走访发现,各高校的工作分工具有相似性,即学生工作处全面负责学生资助工作,招生就业处全面负责学生的就业工作。每年9月新学期伊始,学生工作处的学生资助管理中心全面着手大一新生的贫困生建档工作,开展包括国家助学贷款、奖学金、助学金、困难补助等的申报和发放事宜,而招生就业处则在贫困生进入大四才开始搜集"双困生"信息,着手就业资助和帮扶,不但引起了就业资助发放的滞后,而且也缺乏充足时间培育贫困生的就业竞争力,此外,还容易引起重复资助,使得资助分配旱涝不均。这表明,高校贫困生前期资助和后期就业扶助未能有效衔接,形成连续动态资助,进而影响了就业资助成效。此外,学院就业帮扶工作也存在类似情况,首先是所有的帮扶措施都在大四才开始展开,其次是各学院之间很少联系互动,贫困生信息和就业资源没有实现共享,可能导致贫困生资助信息存在误差,降低了就业资助效率。

第三，贫困生就业扶助缺乏社会参与。政府和高校在贫困生就业扶助工作中起着主导作用，但各类社会组织、企事业单位也应加入贫困生就业扶助的队伍中，才能进一步做好此项工作。例如，H慈善基金会每年资助几十所高校的几千名贫困生就业，社会效益相当显著；又如，与高校提供的职业规划、就业指导课程相比，一些企事业单位的人力资源管理人员长年从事人事管理，更清楚社会需求和招聘要求，由他们提供的就业指导更加务实"接地气"，对贫困生求职的作用更为直接。因此，高校应主动出击，积极引导社会力量为高校贫困生就业扶助服务。但就现状而言，类似于H慈善基金会的社会组织还很少（即便是H慈善基金会，近两年也只与省内包括A大学在内的两所高校有合作关系），有的企业在招聘时虽然有贫困生招聘计划，但都有一些诸如生源地方面的限制条件，专门扶助贫困生就业的社会资助更是寥寥无几。在调研问卷中询问"您在校时是否获得过除政府的一次性就业补贴、学校就业补贴、H慈善基金会的就业补贴外的其他就业资助"，所有调查者均表示"没有"。这些都充分说明了贫困生的就业资助缺乏社会参与，需要政府和高校的进一步宣传引导。

第四，部分贫困生认识不到位，面对就业资助态度消极。贫困生就业资助的目的就是为了促进贫困生就业，而贫困生作为受助者，理应积极参与，充分发挥受助者主体功能。但在调研中发现，部分贫困学生面对就业资助态度不端正，或存在消极情绪。首先，面对就业专项资助，有些贫困生认为它和一般的贫困资助没有差别，"不拿白不拿"，于是不管是否合乎条件，先申请了再说；如果因为不具备条件而未获资助，还会存在不满情绪，认为资助不公；还有些得到资助的学生，对于资助金的使用缺乏合理规划，导致就业资助款未能发挥应有的效用。其次，对于非经济性的就业帮扶措施，有些贫困生则表现出无所谓的态度，于是对学校安排的就业指导课程和讲座选择逃课或敷衍了事；对于H慈善基金会的就业培训，则认为这只是经济资助的附加条件，能不参加就不参加；还有的学生，从不参与就业培训，整日盲目穿梭于各大招聘会之间，却收获甚少。在调查中发现，有38人得到H慈善基金会资助，而认为H慈善基金会的就业讲座、培训等对自己就业"无帮助"的有8人；得到学院"一对一就业帮扶"的有29人，认为学院帮扶对自己就业"无帮助"的有5人。这固然与就业扶助工作存在不足有关,但从中也可折射出部分受助者对就业帮扶工作的消极否定态度。

第四节 政策建议

高校大学生就业已是全社会关注的问题,而作为弱势群体的高校贫困生,其就业更需要各方的关心与资助帮扶。虽然近年来高校贫困生的就业资助工作取得了一定成效,但还是存在着不少问题,需要政府、高校、社会各界和贫困生自身采取相应措施,优化就业资助机制,提高就业资助成效。

第一,加大对贫困生就业补贴力度。上文研究表明,就业补贴对于贫困生就业具有重要的帮助作用,但目前其主要问题在于覆盖面不足、发放滞后。针对这一问题,政府应整合各方力量,增加财政投入,力求对有需求的贫困生实现全覆盖,保证就业资助及时足额发放,同时,根据地方经济发展和物价水平,实现就业资助的同步增长。此外,还应简化不必要的申请、审批流程,避免材料的重复提交(根据对调研问卷的统计,有103位同学,占参与调研人数的22.15%,对于资助改革,要求"简化申请、审批流程""不要让我们重复交材料")。对于离校未就业的贫困毕业生,政府更要做好与高校的信息对接,关注其后续就业情况,提供就业指导和技能培训,发放一定的生活补助,保障其基本生活。

第二,完善高校就业评价、监督和激励机制。面对严峻的就业形势,高校贫困生就业是政府就业工作的重中之重。为此,政府也出台了一系列政策要求加强对贫困生的就业帮扶,但具体到由谁负责实施和反馈,如何评价、监督和激励等却没有明确说明,这表明相关政策机制应进一步完善细化。

首先,政府可建立高校贫困生就业扶助评价、监督和激励机制。今后可将高校贫困生就业情况纳入高校工作评价体系,高校发布的毕业生就业质量报告也应将其单列为评价指标,以此加强相关政策的宣传和落实。同时,可成立或指定专门部门,采用定期检查和不定期抽查的工作方式,对相关工作的开展情况进行监督检查,及时发现问题、反馈问题,保证贫困生就业扶助工作实施的时效性和合理性。对相关工作中表现积极、成果突出的学校、部门和个人,应给予一定的经济和精神奖励，对于表现懈怠的部门或高校，也应给予相应的惩罚。

其次，政府还应做好贫困生就业扶助相关政策的宣传工作，通过各种渠道，让社会各界关注贫困生的就业扶助，再通过提供一些优惠政策，如税收减免、提供部分补贴等，促进高校和社会机构合作，积极引导企事业单位在力所能及的范围内优先为贫困生提供实习机会或就业机会。对长期为贫困生提供就业岗位和实习基地的用人单位给予财政补贴或税费减免，以提高其接收贫困生就业的积极性，拓宽贫困生就业渠道。对于国家大力倡导的各种基层就业项目，如大学生自愿服务西部计划、支农、支教、支医、扶贫、大学生村官计划等，可以在贫困生中多加宣传，并充分落实相关助学贷款和学费代偿、资金补贴、职称评审及提供住房等各项优惠政策，引导和鼓励广大优秀贫困生积极报名参加，既促进了社会发展，也实现了自身就业。

第三，高校实行全程全员系统化管理。要保障高校贫困生就业扶助工作有序开展，高校应发挥其主体作用。而要实现这一点，首先应落实贫困生就业扶助工作的专人负责制，从班级到院系，院系再到学校，形成一个系统的联动保障机制。例如，在新生入学之初，就以班级为单位，由辅导员和班干部组成贫困生就业扶助工作小组，初步了解本班贫困生的家庭和个人基本情况，以及对就业的担忧、预期等个人想法，建立本班信息统计表，为后续就业资助工作提供依据；然后院系指定专人负责建立院系贫困生的个人档案汇总表；最后学校负责汇总，建立校级贫困生档案，实现对贫困生就业的动态管理和持续关注。学校、学院都应设立专门的贫困生就业扶助小组，成员可以由校内专职的就业指导老师和校外聘请的专职就业指导老师组成，学校贫困生就业扶助小组对贫困生的就业情况进行整体把控，给予必要的人力和财力帮助，加强工作沟通和监督。学院的贫困生就业扶助小组成员要根据扶助对象的个人情况开展有针对性的就业帮扶。

其次，高校应丰富细化贫困生就业资助的内容。贫困生就业扶助包括经济资助和就业帮扶两个部分。前者侧重减轻贫困生在求职就业过程中的经济压力，后者侧重贫困生就业能力的提升。所以高校应尽可能丰富贫困生就业扶助的内容，尽量满足贫困生就业时不同的需求。为更好地扶助贫困生就业，可以开展全程式就业扶助,将就业扶助工作前移并贯穿在大学四年教育的始终,针对贫困生所处的不同阶段,提供不同的就业扶助内容。具体来说,对于大一的贫困生,刚进入大学学习,应侧重引导他们学习就业理论,初步了解就业形势,扶助他们根据自身特点作出一个初步的职业生涯选择,合理规划四年的大学生活,明确"我想干什么"的问题;对于大二的贫困生,侧重各项技能的培养,扶助他们考取各项必要的技能证书,解决"我该怎么做"的问题;对于大三的贫困生,侧重实习和锻炼,扶助他们通过社会实践和参加一些就业创业大赛,锻炼和提高个人能力,解决"我能干什么"的问题,并在大三下学期就开设就业指导课,启动贫困生申请就业求职补贴的工作,为求职做好准备;对于大四的贫困生,则应侧重分类具体指导,根据他们的不同需求,在就业形势的分析、就业政策的咨询、就业信息的畅通、就业心理的调适等方面给予具体的扶助,使其不断提高个人就业能力,扶助他们做好角色转变,实现就业,从而解决"干什么"的问题。对于选择考研究生、考公务员的贫困生,可以邀请成功者为其提供经验分享,或邀请专家开设讲座答疑解惑,指导他们有针对性地备考。对于落选的贫困生,应及时引导和开解,扶助他们参加春季招聘会。对于选择创业的贫困生,更要给予重点帮扶和资助,为其介绍政府的创业优惠条件,辅助其申领政府的创业补贴,根据实际情况,学校也要给予一定的人力、物力和财力支持,利用学校资源助其创业成功。

最后,实施针对性的贫困生就业心理辅导。与非贫困生相比,贫困生心理问题更为突出,容易影响贫困生的顺利就业。在问卷中有133人(占参与调研人数的28.60%)认为就业扶助能帮助他们"缓解就业心理压力",因此,在扶助贫困生就业时,应有针对性地实施贫困生就业心理辅导。学校、学院应重视对贫困生的日常就业心理辅导,通过建立专门的心理咨询中心,开设心理健康教育课程,举办就业心理辅导讲座,帮助贫困生正确看待就业问题,树立正确的就业观、择业观,努力提高自我心理调适能力,引导贫困生在面对就业困难时积极求助,提高挫折应对能力。同时,要充分发挥班主任、辅导员和班干部的作用,主动关心贫困生就业思想动向,及时发现问题,提供一对一的就业心理辅导,让贫困生感受到关爱,辅助他们认清问题,寻找方法积极解决问题。

第四，积极引入社会力量。高校贫困生的就业扶助工作需要得到社会各界的支持和帮助，才能更好地促进贫困生就业，具体可以从以下几方面着手。

首先，要采用激励手段，提高社会各界对高校贫困生就业扶助的关注度。一方面，政府应研究制定适应我国国情的教育捐赠激励与财政配比制度，同时借鉴国外先进经验，规范教育捐资行为和资金分配、使用与监督等，以提高对社会人士参与高校就业扶助的激励力度，改进高校对就业资助资金的管理使用水平，从根本上解决贫困生就业资助社会投入不足的制度障碍。此外，在信息时代应充分借助社会媒体的作用，引导更多的社会人士积极参与到扶助贫困生就业的队伍中来，形成良好的社会舆论氛围。

其次，加强高校与企事业单位的合作，不断创新合作模式，为贫困生就业提供机会。例如，高校可以与一些有强烈社会责任感、管理规范的企事业单位合作，专门为贫困生提供勤工助学、实习就业的机会，让贫困生既能减轻经济压力，又能提前对就业有所了解，提升贫困生的综合素质与就业竞争力；高校可以定期邀请一些实践经验丰富的人力资源管理者，为贫困生提供实用的就业指导；还可以与一些企事业单位建立"产学研合作""订单式培养"等合作形式，将学校的人才培养计划与市场的需求结合起来，实现企业、高校和贫困生的共赢。在调研问卷中，有278人（占参与调研人数的59.78%）表示"希望获得更多企事业单位提供的实习、勤工助学机会"。

最后，善于借助高校校友会的力量。高校校友会是高校贫困生就业资助工作中一股重要力量。高校应向校友广泛宣传引导校友关注贫困生就业扶助问题，设立贫困生专项就业扶助基金等，减轻贫困生就业的经济压力；定期邀请一些已取得一定成就的校友回校与贫困生们进行交流，让他们既能受到优秀校友事迹的激励，又能明白任何成功都来之不易；借助校友力量，多途径地广泛邀请用人单位来母校招聘，或是与母校建立合作关系，为贫困生提供实习就业机会，拓宽贫困生就业的渠道，拓展贫困生的就业空间。据了解，A大学每年借用校友的力量和"校友专场招聘会"，帮扶了不少贫困生顺利就业。

第五，贫困生自身端正就业态度。贫困生对就业帮扶工作的消极态度，很大程度上源于其认识不到位。有的贫困生认为，只要学习成绩好，就业不用杞人忧天；有的学生夸大了经济条件和社会资本的作用，认为自身就业资源不足，就业帮扶注定无济于事；还有的贫困生心理脆弱，认为就业帮扶是"临时抱佛脚"；甚至还有的贫困生，就业存在"等靠要"思想；等等。因此，贫困生应端正自身态度，积极培养就业竞争力：首先，应树立正向的价值观、就业观。贫困生应摆脱"等靠要"思想，及时做好职业生涯规划，主动出击，积极寻找实习就业机会，敢于面对各种就业难题，加强社会沟通交流，调整自己的就业心态。其次，应积极参与有助于提高就业竞争力的相关活动，尽早着手自身综合能力的培养与提高，积极参与"模拟面试大赛""模拟招聘大赛""直通名企实习生选拔赛""求职面试礼仪""无领导小组讨论""简历诊所"等活动，提升求职能力和工作能力；同时还要多参加一些社团活动，提升人际交往、团队合作、语言表达、组织管理等能力，进而实现综合能力的不断提升。

第六章

高校贫困生就业危机的应对机制构建

经济周期和重大突发事件会影响社会就业，加剧高校贫困生就业困境。而国内外的危机应对措施又多为临时性措施，而非制度化的自动调节机制，具有反馈滞后和缺乏稳定性的不足。基于此，本章将应用控制论原理，设计以就业率为主要信号的就业危机应对机制，以实现对高校贫困生就业供求关系的自适应调节。

第一节 经济周期和重大突发事件对高校贫困生就业的影响

一、经济周期对大学生就业的影响

经济周期（business cycle）会对大学生就业造成不利影响。所谓经济周期，是指经济运行中交替出现的经济扩张与紧缩的波动变化。它是市场经济中的必然现象。经济周期又可分为经济扩张期（economic expansion）和经济紧缩期（economic contraction）。前者最大的特点是经济快速增长，这时劳动力市场供求两旺，群众收入快速增长，社会贫困人口减少，高校贫困生就业相对容易；后者特指经济增速放缓或进入衰退期，此时企业开工不足，劳动力需求和群众收入下降，贫困家庭和高校贫困生人数增加，高校贫困生就业更加困难。因此，经济周期与高校贫困生就业的关系可概括为：经济紧缩期，高校贫困生就业需求增加，岗位供给减少；经济扩张期，高校贫困生就业需求减少，岗位供给增加。

以经济新常态为例。近些年来,我国经济发展进入了新常态阶段,这种"经济新常态"包含着经济增长速度转换、经济发展方式转变、经济结构深刻调整、经济发展动力转换等丰富内涵,是对新时期中国经济基本特征的高度概括。"新常态"经济周期①虽然与资本主义国家的经济周期存在本质差异,但同样会对就业形势产生重要影响。概括来说,这些新挑战主要包括以下四个方面。②

　　一是经济降速对就业带来的冲击。经济增长是带动就业扩大的重要引擎。但是自2008年全球金融危机爆发后,我国的经济增长速度出现了逐步下滑的态势。2010年我国GDP增速为10.6%,但2015年已经降到7%以下。与此同时,我国劳动力的供给总量依然十分庞大。在国民经济从高速向中高速过渡时期,想要保持就业的基本稳定,显然是一件相当艰巨的工作。

　　二是经济结构调整与升级对就业的影响。当前我国经济处于"三期叠加"的特殊阶段,产业结构失衡的问题凸显,转型升级紧迫。在产业结构调整与升级的过程中,传统的高耗能、高污染、低效益的产业面临的冲击最大。随着传统产业"去产能""去库存"问题的日益突出,与之相对应的就业问题开始显现。根据测算,仅钢铁和煤炭领域如果完成"去产能"任务的话,那么就将涉及数以百万计的职工需要转岗再就业。

　　三是劳动力结构转变使就业工作面临新的问题。由于长期严格的计划生育政策的抑制作用,我国人口增长率快速下降,劳动年龄人口增长在近些年也出现了"拐点",这表明维持了多年的推动国民经济增长的"第一次人口红利"开始逐渐衰减。据统计,2012年我国15~59岁劳动年龄人口比2011年减少345万,占总人口的比重为69.2%,比2011年底下降0.60个百分点,这是我国劳动年龄人口在相当长时期里第一次出现绝对下降;2015年劳动年龄人口总数继续比上年减少487万,在全国总人口中占比已经降至66.3%。劳动年龄人口的绝对减少、老龄化程度的迅速上升,使得劳动力的负担系数也有了快速

---

① 社科院报告:中国正处于"新常态"经济周期探底过程[EB/OL]. 人民网-财经频道, http://finance.people.com.cn/n/2014/1207/c1004-26161295.html.
② 李长安:经济新常态下就业面临的四大新挑战[EB/OL]. 搜狐财经, https://business.sohu.com/20160711/n458644785.shtml.

的提高。

四是科学技术进步对劳动力市场的冲击。经济发展从传统的要素驱动向创新驱动转变,是经济新常态的一项重要内容。随着以信息化、智能化为主要特征的新技术革命浪潮的到来,对劳动力的需求结构也会产生重要影响。中国以技术取代工人既有转变经济发展方式的客观要求,也有"用工荒""招工难"现象日益加剧所导致的"倒逼机制"。但是,新技术在弥补用工短缺的同时,也势必会对低技能工人产生排斥。

经济新常态也对大学生就业工作提出了挑战。例如,何发胜的研究认为,在经济发展步入"新常态"和高等教育规模急剧扩张的背景下,劳动力市场供求矛盾突出,大学生就业压力逐年增大、就业形势日趋严峻,大学生就业难题凸显:首先,在新常态下,经济结构将发生大幅度调整,新增人才需求将主要集中在第三产业,导致人力资源需求结构与大学生的专业结构不匹配;其次,我国教育已从精英教育向普及化教育过渡,随着高校持续扩招,高校毕业生人数也不断增加,直接造成就业困难;再次,随着城镇化进程的加快,大量农村劳动力转移就业,加上传统支柱产业企业改革的重组加快、淘汰落后产能将造成转型性失业,增加了大学生就业难度;最后,随着产业转型升级、技术水平的提升,相关产业的中低层劳动力总需求减少,结构性矛盾愈加突出,这对于高校毕业生也有一定的影响。[①]

二、重大突发事件对大学生就业的影响

重大突发事件也会加大高校贫困生就业压力。以2008年国际金融危机为例。当2008年美国金融危机波及中国时,2008年我国GDP增速从一季度的10.6%下滑到三季度的9.9%。据农业部2009年初对15个省份、150个村的抽样调查,在全国1.3亿外出农民工中,就有15.3%的农民工因经济不景气而失业返乡,总数达2000万人。[②] 2009年前9个月,江西省城镇登记失业人数约26.5万人,城镇新增劳动力约为20万人,省内农村富余劳动力新增转移就

---

① 何发胜.经济新常态下大学生就业:问题、成因与对策[J].教育现代化,2017,4(49):291-295.

② 宋振远.2000万失业农民工返乡之后[N].中国青年报,2009-2-11.

业 29 万人左右，供给总量近 75.5 万人，而同期，江西省城镇实际新增就业岗位仅 36.6 万个，供求相差近 40 万个；再加上春节期间从外省返回人员最高达 190 万人，其中 51 万人受经济危机波及返乡待业，就业压力之大不言而喻。①同样，受到国际金融危机影响，许多企业出现了倒闭、减产或裁员，也加剧了大学毕业生的就业难度。据人力资源和社会保障部统计，2009 年第一季度大学毕业生签约率为 20%～30%，而 2009 年 6 月，全国高校毕业生签约率为 45%，均低于同期水平。②

再以 2020 年新冠疫情为例。李春玲等研究者于 2019 年 11 月和 2020 年 3 月针对 19 所高等学校约 17000 名在校学生和 5000 名离校毕业生的两轮追踪调查表明，疫情对应届毕业生就业产生了多方面的负面影响：招聘面试受阻；工作落实率下降；就业压力加大；未来经济预期偏向悲观。截至 2020 年 3 月下旬，在应届毕业生中，没有参加过任何现场招聘会的比例高达 79%，73.9%的毕业生没有参加过网上招聘会，79.6%的毕业生没有参加过网上面试，表明与 2019 年应届毕业生相比，2020 年应届毕业生的就业进程时间表大大延迟；到 2020 年 3 月下旬，只有 29.6%的应届毕业生声称"已经找到工作了"，这充分反映出疫情给应届毕业生就业带来的巨大冲击。一些已经找到工作的毕业生，因受雇企业在疫情冲击下停业、关闭、裁员而又失去工作。对于疫情会给他们的就业带来何种影响，约 2/3 的应届毕业生声称"疫情对我的就业选择有影响"（67.3%），接近半数的毕业生认为"疫情将导致就业岗位减少"（48.9%）。由此可见，疫情期间应届毕业生的就业压力明显呈现上升趋势。③

综上分析可知，经济周期和不定期的重大突发事件都会干扰正常的大学生就业工作大局。如果说上述变化对普通大学生就业都会造成不利影响的话，那么对家庭经济困难、社会资本匮乏的高校贫困生来说，其就业将会面临更为严峻的挑战。而且在经济下行时期，贫困家庭雪上加霜，而一些处于贫困边缘的家庭将出现返贫现象，届时，高校贫困生的人数将出现增长，高校贫困生就业

---

① 李兴文. 全国劳务输出大省江西省农民工返乡调查报告 [EB/OL]. http://news.qq.com/a/20081113/000988.htm, 2008-11-13.
② 刘成. 我国大学生就业政策体系形成 鼓励企业聘毕业生 [N]. 中国青年报, 2008-6-5.
③ 李春玲. 疫情冲击下的大学生就业：就业压力、心理压力与就业选择变化 [J]. 教育研究, 2020, 41 (7): 4-16.

工作的压力将更大。因此，在经济下行时期采取有效措施，帮扶贫困生就业是维持社会稳定和就业公平、促进经济复苏的必需。

第二节 当前大学生就业危机的应对措施及其不足

经济周期和重大突发事件都可能对大学生就业造成不利影响，为解决这一问题，研究者们提出了多种对策建议。例如，陈建伟和赖德胜指出，在疫情防控期间，要继续保持创岗位、稳就业政策支持力度，千方百计创造就业岗位；要持续提高大学人才培养质量，增强大学生适应数字经济时代就业的能力；要完善人才有序流动和交流合作政策体系，畅通城乡、区域与企事业单位人才互动与合作渠道；要利用好国内超大规模市场优势，加快创新基础设施建设，提升经济发展吸纳大学生就业的能力，等等。[①] 曾淑文提出，要解决经济新常态时期的大学生就业难问题，必须从创新大学生就业路径着手：经济新常态下的首要任务是加速经济转型升级与结构调整；在完善教育体系的同时开拓就业市场；建立和完善大学生就业促进机制；大学生积极转变就业观念。[②] 李明江等从走出求职误区、调整求职心态、分散求职目标、提升求职能力和珍惜工作机遇五个方面出发，论述了2008年金融危机背景下大学生应采取的就业对策。[③]

除学者们的政策建议外，各级政府和高校也采取了切实的行动，帮助应届毕业生就业，缓解他们的就业压力。比如，2020年新冠肺炎疫情期间，教育部启动"2020届高校毕业生全国网络联合招聘——24365校园招聘服务"活动、推动各高等学校搭建"空中宣讲会、双选会"等平台系统，政府部门大幅度增加事业单位和国有企业招聘人数，着力扩大今年硕士研究生招生规模和普通高校专升本规模，进一步组织实施好特岗教师计划、大学生村官、"三支一扶""大学生志愿服务西部计划"等基层项目，鼓励大学生参军入伍，进一步落实好基层就业学费资助等优惠政策，鼓励毕业生到基层就业创业，等等。

---

① 陈建伟，赖德胜.疫情冲击下大学生就业形势变化与对策［J］.中国大学生就业，2020（11）：34-37.

② 曾淑文.经济新常态下大学生就业路径创新［J］.继续教育研究，2017（2）：94-96.

③ 李明江，王军，张冬梅.金融危机背景下大学生就业对策分析［J］.黑龙江高教研究，2009（11）：81-82.

上述研究对于缓解经济下行期间的大学生就业危机颇有参考价值，但总体上看，这些措施主要针对全体大学生，而非针对贫困生的专项措施；并且，这些危机应对措施以临时性的行政化手段为主，因而不免应对仓促，反应滞后，如危机来临，便出台紧急措施，属于"事后调节"，等到手段生效，就业工作已经受到一定程度的影响；而且，这类应对措施政出多门，缺乏系统性和协调性，很容易顾此失彼。相应地，理想的就业危机应对机制应具备两个条件：第一，应对措施制度化、常规化，这样可以使就业危机干预工作具有预见性和灵敏性，且能够"长抓不懈"，从而避免了以往相关工作反应滞后的不足；第二，应对措施统一简洁，易于操作和协调，最好能够"自动"实施。综合上述要求，借用控制论（cybernetics）的说法，就是应建立起高校贫困生就业"自适应"调节体系。

第三节　高校贫困生就业危机应对机制的构建方案与可行性

扶助高校贫困生就业是实现教育公平和就业公平的重要途径，也是精准扶贫工作的必然要求，同时也是政府重要的公共职责。目前，国家直接帮扶高校贫困生就业的主要方式是提供就业补贴和公共就业岗位。此外，在高校贫困生生活和学业资助方面，公共财政还通过直接向贫困生提供奖助学金的方式，解决学生的学费、住宿费和生活费。考虑到经济下行时期高校贫困生数量增加，其生活和学业支出压力较大，所以其学业和生活支出也应是就业危机干预的重要内容。因此，可考虑应用控制论原理，将就业、学业和生活三类保障型资助资源和专项就业岗位供给加以整合，建立以就业资助和公共就业岗位供给为主，生活和学业资助为辅的就业支持系统，再将高校毕业生就业率和社会就业率指标作为系统资源供应量的观察和调节指标，以实现系统资源供应的自适应调节。

一、高校贫困生就业危机应对机制的设计原理

中国高校贫困生就业危机的应对机制必须满足两个条件：第一，在功能上可以自动调节就业资助量和公共就业岗位供应；第二，机制设计具有一定的

"自适应性",这样可以使就业支持系统应对经济周期和重大突发事件的措施更加常规化,且更好操作。按照这一要求,可以将控制论作为设计就业支持供给机制的基本原理。

控制论是研究动态系统在变化的环境条件下如何保持平衡状态的科学。而自适应系统(adaptive control system)可以采集不断变化的输入控制信号(input controlling signal),然后通过自适应控制机制(adaptive control mechanism)的作用,使系统运行达到预定目标。因此,可以借鉴控制论原理来设计一个不断适应需求变化的就业支持自适应供给系统。其具体的工作原理为:当供给调节信号(即控制信号)输入时,供给调节机制(即自适应控制机制)按特定方式作用于就业支持体系,最终实现就业支持的供求平衡。

从上面可以看出,要设计高校贫困生就业支持自适应供给系统,必须确定两个关键因素:供给调节信号和供给调节机制。前者用来反映经济环境和资助需求的变化,后者调节就业支持供给,使其与资助需求相匹配。那么,在这个自适应供给系统中,可以将高校毕业生就业率作为主要调节信号,建立高校贫困生就业危机应对机制。

二、基于就业率的高校贫困生就业支持调节机制构建

目前,国家直接介入高校贫困生就业的主要方式有两类:其一是提供经济补贴,即由政府向高校贫困生提供的一次性就业补贴和学校给予"双困生"的就业补贴和交通住宿求职补贴。[①] 前文研究表明,这种就业支持方式可以缓解学生就业的经济压力,提高就业竞争力,但目前资助面和资助力度较小,其作用相对有限。其二是直接提供公共就业岗位和教育机会,例如,特岗教师计划、大学生村官、"三支一扶""大学生志愿服务西部计划"等基层项目,以及参军入伍、研究生、第二本科和专升本规模等机会,这些岗位和机会增加了贫困生的就业机会,但其项目启动存在滞后性,而且与就业补贴的发放存在脱节现象。因此,可考虑将这两类旨在解决高校贫困生就业问题的帮扶项目整合在一起,再以高校毕业生就业率指标作为调节信号,并设定好信号调节阈值,

---

① 我国高校多为公立高校,因此学校向贫困生发放的求职补贴也可视为公共财政资金的一部分。

实行就业支持资源的同比例变化。

在具体操作上,当前政府和高校提供的就业资助覆盖面小,力度不足,因此首先应适当提升其资助面和资助力度,并将其作为就业资助供给量的基数。然后参照高校毕业生的就业率变化,进行就业资助供应量的动态调节。在公共就业岗位供应方面,可将国家非危机时期提供的公共就业岗位数量作为基础,然后参照高校毕业生就业率变化进行同步调节。这样,就业补贴拨付和公共就业岗位供应规模的调节机制为:

$$EA = EA_0(1 + \Delta UE) = EA\ G_0(1 - \Delta E);$$
$$EO = EO_0(1 + \Delta UE) = EO_0(1 - \Delta E)$$

其中:EA(employment aid)表示就业补贴;EO(employment opportuinty)表示就业岗位供应;EA_0 和 EO_0 分别表示基期的就业补贴和公共就业岗位供应规模;ΔUE(unemployment)表示失业率增量,可正可负。ΔE(employment)表示就业率增量,可正可负。

通过上述措施,政府可以大学生就业率为统一的调节信号,实现对高校贫困生就业资助和岗位供应的动态调节。一旦就业率下降至某一特定阈值,则该机制可即时进行应急反应,增加就业支持资源投放,改变以往应对措施仓促凌乱、缺乏协调性的不足,保障高校就业扶助工作的稳定有序。

三、基于就业率的高校贫困生学业资助调节机制构建

尽管我国高校学生资助体系内项目繁多,但从整体情况看,国家助学贷款资助力度强,覆盖面广,一直是我国高等教育资助体系的支柱项目;再从资助用途看,助学贷款主要用于解决学费和住宿费;最后从功能看,相比财政高投入的奖助学金和学费减免,以及就业岗位相对刚性的勤工俭学,助学贷款是一种具有自我循环功能的金融产品,它运行的财政成本低,资助力度大,只要措施到位,其资助量具有相当的弹性,更容易在短时期实现逆周期的增长。因此,无论从必要性还是从可行性的角度看,在各个资助项目中,助学贷款更加适合作为保障就业危机时期高校贫困生学费供应的基础项目,其具体机制创新可以从改革风险补偿金机制着手。

要构建我国学生贷款的反周期供给机制,可以从改革现行的学生贷款供给

机制入手。学生贷款是由商业银行自主经营的资助项目，所以在现行制度框架中，主要是通过财政补贴调节学生贷款供给量，即增加补贴，贷款扩张，减少补贴，贷款紧缩。具体来说，目前我国学生贷款的财政补贴主要有提供给学生的"贴息"和"服务代偿"，以及提供给银行的"风险补偿金"和"税收优惠"等形式。其中，服务代偿和税收优惠补贴力度很小，且操作限制较多，因此它对调节助学贷款供给的作用较小；而贴息的直接补贴对象是学生，它对贷款机构的激励作用比较间接，而且存在时滞，因此它调节贷款规模的作用并不显著。

相比之下，风险补偿金对贷款规模的调节功能更为理想。现行做法是高校和政府按当年贷款发生额的一定比例给予贷款机构风险补偿金，以拓展其"安全边界"（margin of safety），其具体比例在不超过15%的条件下由招标或协商确定。由于风险补偿金直接补贴贷款机构，可以迅速起到分担贷款风险、激励贷款机构增加供给的作用；还由于学生贷款的供给弹性灵敏，少量的供给补贴就能引起贷款规模骤增，因此自政策实施之日起，风险补偿金便一直作为激励学生贷款供给的主要手段。

由于风险补偿金对贷款供给具有强激励功能，同时贷款机构又可以在15%的范围内竞价风险补偿金比例，因此贷款机构可以根据经济周期所引起的贷款风险变化，自主调节风险补偿金比例，并由此影响贷款规模。即：经济紧缩期间，贷款风险上升，提高给予贷款机构的风险补偿金比例，促使贷款扩张；反之，经济扩张期间，贷款风险下降，降低贷款机构的风险补偿金比例，使得贷款紧缩。因此，现行的风险补偿金机制本身就应该具有一定的"反周期自适应供给"功能。要构建学生贷款的反周期供给机制，可以将现行风险补偿金机制作为基础。

现行风险补偿金机制的不足之处在于其比例上限始终保持在15%。风险补偿金是对贷款风险的补偿，而贷款风险又随时处于变化之中，所以风险补偿金比例本应根据风险水平浮动，而非规定一个恒定上限。如果说在经济扩张期间，15%的比例上限尚能满足贷款机构的要求，那么在经济紧缩期，这一比例上限很可能无法弥补贷款风险，并引起惜贷。因此，要强化学生贷款的自适应供给功能，应取消风险补偿金比例的恒定上限，使其根据贷款风险水平的变化浮动。那么，如何衡量贷款风险水平的变化呢？

贷款风险水平的变化，也可以参考大学生就业率予以确定。尽管恶意拖欠等信用失效原因会影响违约率，增加贷款风险，但多个调查结果和实证研究表明，贷款违约的主要原因是学生无偿还或低偿还能力。[①] 因而，学生贷款的风险水平与毕业生的就业状况有着高度一致的负相关性。因此，可考虑将毕业生就业率作为反映经济周期和贷款风险变化的调节信号。相应地，风险补偿金比例上限的调节机制为：

$$RP_{Max} = 15\% + \Delta UE = 15\% - \Delta E$$

其中：RP_{Max}（maximum of risk premium）表示风险补偿金上限，是一个比例值；15%为2004年政策规定的风险补偿金比例上限，本书暂以此作为一个基期数据；ΔUE（unemployment）表示失业率增量，可正可负。ΔE（employment）表示就业率增量，也可正可负。

经过上述调整，风险补偿金的比例上限将在基期比例上限（此处为15%）的基础上紧盯就业率/失业率参数浮动，从而灵活反映经济周期的变化，并实现反周期供给调节。即当经济紧缩，贷款风险增大时，风险补偿金的比例上限和相应支出将随着失业率上升而上升，贷款实现扩张；反之，风险补偿金比例上限和支出下降，贷款紧缩。其自动调节贷款供给的逻辑过程，即学生贷款的反周期供给机制可表示为：经济紧缩（扩张）→学生就业率下降（上升）→贷款风险上升（下降）→风险补偿金比例上限提高（下降）→贷款扩张（紧缩）。

四、基于就业率的高校贫困生生活资助调节机制构建

如果说依靠"盯住就业率"的风险补偿金机制可以实现学生贷款的反周期供给，基本上解决了经济紧缩期间高校贫困生的学费和住宿费问题，使其不至于失学，那么在经济紧缩期间，学生生活资助不足的矛盾则必须通过构建生活资助反周期供给机制化解。

在现行资助政策体系中，助学金的主体是国家助学金，它资助力度大，覆

---

① 廖茂忠. 学生贷款违约影响因素研究［D］. 华中科技大学，2008.

盖面达在校生的20%，主要用于学生的生活费开支，因此它是贫困生生活资助的主要来源；国家励志奖学金发放给品学兼优的贫困生，因而也具有一定的生活资助功能。所以，这两类项目比较适合作为生活资助反周期供给的主体项目。至于其他的资助项目，要么性质不完全相符（如国家奖学金重在"奖优"，而非"扶贫"），要么资助面和或资助力度不易扩张（如学费减免和勤工俭学），因此，它们更适于充当生活资助反周期供给的辅助项目。

目前，国家助学金和励志奖学金由国家财政全额投入，所以要建立生活资助的自适应供给系统，其实质就是要建立国家生活资助资金的动态调节机制，使资助资金规模与资助需求的变化挂钩。而要实现这一点，可以引入社会就业率指标作为生活资助供给的调节信号和中介变量，以实现生活资助资金与失业率的同比例增长。这是因为，学生父母一旦失业，家庭经济很可能陷入贫困，这样贫困生规模和资助需求与失业率在一定程度上就形成了正相关关系，社会失业率越高，贫困生越多，相应地学生生活资助规模也应越大。这样，国家助学金和励志奖学金拨付规模的供给调节机制为：

$$SG = SG_0(1 + \Delta UE) = SG_0(1 - \Delta E);$$
$$NS = NS_0(1 + \Delta UE) = NS_0(1 - \Delta E)$$

其中：SG（state grants）表示国家助学金；NS（national encouragement scholarship）表示国家励志奖学金；SG_0和NS_0分别表示基期的助学金和励志奖学金规模；ΔUE（unemployment）表示失业率增量，可正可负。ΔE（employment）表示就业率增量，可正可负。

对于上述模型，有两点需要指出。第一，学生贷款与国家助学金和励志奖学金虽然都引入了就业率指标，但两者的不同之处在于：学生贷款反周期供给引入的是高校毕业生的就业率指标，而国家助学金和励志奖学金的反周期供给机制引入的则是社会就业率指标。其原因在于：助学贷款的规模主要取决于贷款风险，而贷款风险又与学生就业率相关，因而只有将学生就业率与风险补偿金比例挂钩才能激励贷款供给；而国家助学金和励志奖学金规模主要取决于贫困生的数量及其资助需求，而贫困生的数量及其资助需求又与社会就业率的变化相关，因此只有引入社会就业率指标才能反映贫困生资助需求的变化，保障学生资助的供给。

第二，无论是助学贷款，还是国家助学金和国家励志奖学金，它们都是以就业率为基准进行调节的，但基于这一指标带来的资助增长很可能只是资助所需的下限。其隐含的假定是：学生和学生家长无法就业，会导致贫困，造成资助需求上升；但在经济紧缩期，没有失业的人口，也可能因为薪酬下降或其他原因陷入贫困。因此，本书所建立的学生资助反周期供给机制，只是满足经济紧缩期间学生资助增长的最低需求，换言之，相关资助增量只是财政投入的底线，而非理想水平。在满足上述投入之外，政府还可进一步加大投入，使贫困生的经济需求得到更充分的满足。

经过上述调整，当经济紧缩，社会失业率上升时，国家助学金和励志奖学金规模将随失业率同步上升，生活资助供给实现扩张；反之则紧缩。其自适应供给功能的逻辑过程为：经济紧缩（扩张）→就业率下降（上升）→生活资助增加（下降）。这样，学生生活资助的自适应供给系统也得以建立。

此外，学费减免和勤工俭学在经济紧缩期间也可作出相应调整。由于勤工助学不用承担债务，也可以锻炼能力，所以其岗位一向受到贫困生的青睐。高校的后勤岗位（除技能型外）可在周末和假期中全部对贫困生开放，以此来补充勤工助学岗位的不足。而学杂费减免是专门应对家庭极度困难的特殊学生的，如孤儿、烈士子女等，国内各校历来都从严控制。考虑到经济紧缩期间的特殊情况，可由政府拨出专款，增加特殊学费减免项目，以因重大突发事件导致父母双失业、因天灾失去经济供给能力的学生为对象。

经过上述一系列措施，以政府为管理主体的高校贫困生就业危机应对机制就得以建立。这个自适应系统以大学生就业率和社会就业率为自适应调节信号，以就业资助、公共就业岗位供应、风险补偿金浮动机制和奖助学金动态拨付机制为自适应调节机制。当就业率信号变化达到某一阈值时，在自适应调节机制的作用下，高校贫困生就业危机的应对机制生效，增加就业、学业和生活资助资源投放，可促进高校贫困生就业工作的稳定（其系统结构和运行机制如图6-1所示）。相比以往静态视角下的就业危机干预措施，该机制避免了以往应急性调节措施的滞后，增强了多种措施的协调性，使危机管理更加简明、迅捷，也更富有弹性和适应性（需要指出的是，在应用该机制前，需要认真研究并科学计算毕业生就业率。实际上，目前国内部分高校公布的就业率数据并不能真实反映学生的就业情况,因此必须对原有的就业率数据进行更加严谨的再统计。上述机制构建方案可以开拓决策者的思路,但与所有理论模型一样,面对实际经济生活,其实践会受到诸多因素的制约。因此,要实际应用时,应在遵循基本机理的基础上,辅之以"相机抉择"的决策方式,以提高决策水平)。

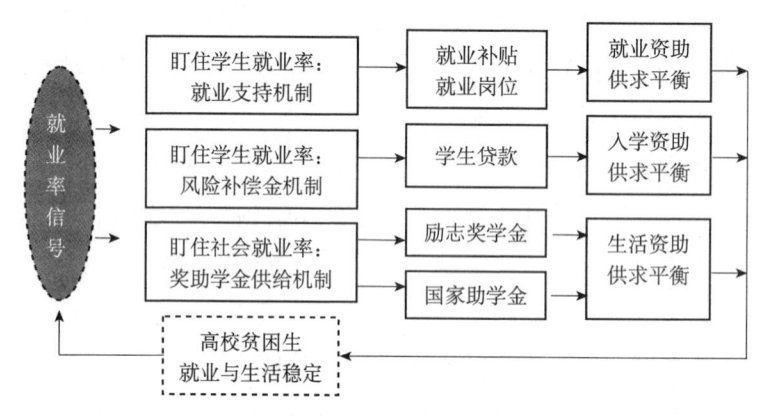

图 6-1 中国高校贫困生就业危机应对机制

五、高校贫困生就业危机应对机制的财政可行性

高校贫困生就业危机应对机制是以财政投入增加为基础的。因此,这一机制的构建与应用需要合乎国家政策导向,且具有财政可行性。

经济下行时期增加财政援助资源和公共就业岗位投放,合乎经济下行时期的积极财政政策和货币政策导向,对保障社会稳定和促进经济复苏具有良性作用,因而具有较强的财政可行性。例如,截至 2020 年 7 月 30 日,我国 2020 年抗疫特别国债实现发行总额 1 万亿元,此外,为保障民生、促进经济复苏,我国财政赤字规模也比去年增加 1 万亿元。2 万亿财政扶助资金采取特殊转移支付机制,资金直达市县基层,直接惠企利民,其中一个支出重点就是,强调落实到社保、低保、失业、养老和特困人员身上。[①] 按照这一支出导向,将财政扶助资金用于帮扶高校贫困生就业,不仅有助于稳定就业大局、保障民生和

---

① 2万亿元"特殊"财政资金落到哪儿 [N]. 经济日报, 2020-9-8.

精准脱贫，而且对于复产复工、促进经济复苏也有重要作用，完全合乎财政援助的支出方针。

再从支出额度看，假定失业率提高 10 个百分点，各种资助系统的财政增量估算如下。

第一，就业支持系统的财政增量。由于国家目前没有公布全国高校贫困生人数的精确统计数字，按在学人口 1/4 为贫困生的最大化估计，约有 1000 万名贫困生。若每人可领取 1000 元就业资助，则就业资助财政基数为 100 亿元。若失业率上升十个百分点，则新增就业资助拨款为 10 亿元。另外，由于公共就业岗位增设具有较大的调节余地，而且多为亟须的具有实际产出的劳动岗位，而非因人设岗、人浮于事的冗余岗位，相关财政投入具有可回收性，因此最大化估计为新增财政投入 100 亿元。两项合计财政投入为 110 亿元。

第二，风险补偿金增量。若毕业生就业率比上年下降 10%，则风险补偿金比例上限为：$RP_{Max} = 15\% + 10\% = 25\%$，即在原有基础上提高 10%，那么，因风险补偿金比例上限调整所产生的补贴支出增量也相当于当年贷款发生额的 10%。按 2018 年助学贷款发放额为 325.54 亿元计算，则因风险补偿金政策调整所产生的最大补贴支出增量为 32 亿元。

第三，助学金和奖学金增量。2018 年国家助学金资助金额为 166.96 亿元，国家励志奖学金金额为 41.26 亿元。[①] 两项合计约 208 亿元。假定社会失业率上升 10%，国家财政投入最多只需增加 20.8 亿元。

上述资助项目合计新增财政投入 163 亿元，最多不超过 200 亿元。显然，相对于 2 万亿的专项财政转移资金而言，完全可以承担。而且随着经济复苏，就业率必将上升，相应的资助支出也将减少。因此，高校贫困生就业危机应对机制具有较强的政策可行性和财政可行性。

---

① 全国学生资助管理中心. 2018 年中国学生资助发展报告 [N]. 人民政协报，2019 – 3 – 7.

第七章

高校贫困生创业的动机、模式与成效

创业是高校贫困生就业的重要途径,也是其带动就业、反哺社会的重要方式。近年来,随着创业热潮的兴起,众多大学生投身创业,成为推进大众创业、万众创新的生力军,其中也不乏贫困生的身影。从以往认知来看,创业应该是家庭经济条件较好的大学生的"专利",而贫困生经济与社会资本匮乏,抗风险能力弱,不宜走上创业之路。然而在现实中,高校贫困生中依然涌现一批创业成功的案例,有的甚至还成为媒体报道的创业典范,因此也有研究者认为,高校贫困生富有进取心,吃苦耐劳,克勤克俭,善于理财,适合走上创业道路。

面对争议,我国高校贫困生创业现状究竟如何?具体来说,他们为何创业,其创业模式和成效如何,他们在创业中有哪些优势与不足,又面临哪些困难和需求?又该如何帮扶贫困生创业?对这些问题进行探究,对缓解高校贫困生就业压力,发展"造血"式扶贫和深入推进"双创"活动具有重要的现实意义。基于此,本章将对全国多所高校在校创业的普通学生和贫困学生展开调查,从量化研究和群体比较的角度,探究贫困生创业的动机和模式,考察其创业成效,总结其需求和问题,在此基础上,提出关于构建高校贫困生创业扶助机制的建议。

在相关研究中,关于创业动机的分类有两种方式:一种是基于创业模式的二元分类,即将创业动机分为生存型动机和机会型动机;另一种是关于具体动机的多元分类。这两种分类方式皆有意义,前者有利于探究其创业模式和成效,后者有利于从具体动机出发探究其行为特征。为提升高校贫困生创业动机研究的完整性和深入性，本书将兼顾这两种分类方式：在本章第一节，探究在校大学生创业的多元动机和行为特征，从而为后面分析高校贫困生创业问题奠定更具一般性的认知框架；第二节从生存型创业和机会型创业动机分类的角度，对大学贫困生和非贫困生的创业模式和成效进行专项调研和比较；第三节综合前两节研究成果，提出关于提升高校贫困生创业成效的政策建议。

第一节 在校大学生创业的多元动机与行为特征

一、调查方案与样本信息

在校大学生的创业动机必然源于自身需要，同时又决定其创业行为。因此，以探究大学生创业动机为中介，既可以深入挖掘学生创业的需求根源，又可以有针对性地激发和引导学生走向创业，同时也有助于总结和预判大学生的创业行为特征，为高校制定科学的创业管理策略提供依据。那么，在校生的创业动机是什么呢？哪些动机更重要，哪些又相对次要呢？与大学毕业生及社会群体相比，在校生创业的需求根源和外在行为有何特点？学校又该如何引导和规范学生创业呢？探究这些问题有利于深化对于高校贫困生创业规律的认识，提高其创业成效，而这正是当前相关研究的欠缺之处。

为考察上述问题，本书选取了 6 所高校进行调查。为保证受访高校在地域、学科和层次分布上的均衡性，选择浙江、湖北和江西高校各 2 所，其中，理工科院校 2 所，综合院校 2 所，财经类院校 2 所；"985" 高校 1 所、"211" 高校 1 所，省属重点院校 4 所。此外，选择这 6 所高校，还基于两个原因：第一，这些院校的创业教育理论研究和实践基础较好，形成了较为成熟的创业型人才培养体系，学校创业氛围浓厚，形成了在校生创业群落，在国内高校中具有相当的代表性，有利于调查研究。第二，笔者曾对 6 所学校创业学生的学习状况进行过调研。调查结果显示，创业学生在学习时间、学习方式、学习态度、学习成绩四方面与同类非创业学生并无显著差别。这就不禁让人追问：既然同处一校，且创业对学业没有显著影响，为何有些学生会投身创业，而其他学生却没有呢？究竟是哪些动机引致学生创业呢？每种动机的影响程度又是如何？这些追问都是开展本书研究的现实问题语境。

基于上述分析，本书的调查包括两项内容：其一，创业动机调查。其主要任务是对在校生创业动机进行访谈，从而提炼出在校生创业的动机种类。访谈对象共120人，每所院校20人，其性别和学科结构见表7-1。

表7-1　　　　　　　　访谈对象的学科与性别分布

访谈对象	设计		经济		管理		工学		其他		合计	
性别	男	女	男	女	男	女	男	女	男	女	男	女
人数	24	13	12	5	11	4	17	3	19	12	83	37
占比（%）	30.83		14.17		12.50		16.67		25.83		100	

其二，多元创业动机的权重调查，即通过问卷调查对各种创业动机的重要性进行测算。为此，笔者编制了《在校生创业动机权重调查问卷》。问卷由"创业学生的背景""创业动机重要性""问题与建议"三部分组成。"创业学生的背景"主要是了解在校创业大学生的专业、家庭经济状况、就业预期、创业资源、闲暇时间等情况，从而明确受调查者的创业背景和赋权原因；"创业动机重要性"是问卷的主体部分，要求调查对象采用里克特五级评分法对各项创业动机的重要性进行打分，"无影响"为1分，"不重要"为2分，"一般"为3分，"重要"为4分，"非常重要"为5分，然后统计评估各项创业动机重要性的分布趋势；"问题与建议"以开放性形式设计，主要了解创业学生在走向创业过程中遇到了哪些困难，需要得到哪些帮助，从而为改进高校创业教育提供参考。问卷采用定向取样的发放方式，6所学校共发放问卷581份，回收467份，回收率80.37%；其中有效问卷421份，有效率为90.14%。有效问卷中，受访者的性别和专业结构见表7-2；受访者的家庭经济状况、就业预期和创业前的闲暇时间见表7-3。

表7-2　　　　　　　　调查对象的学科与性别分布

调查对象	设计		经济		管理		工学		其他		合计	
性别	男	女	男	女	男	女	男	女	男	女	男	女
人数	91	34	40	14	53	13	78	12	61	25	323	98
占比（%）	29.69		12.82		15.68		21.38		20.33		100	

注：设计类包括艺术设计、工业设计、环境设计等；经济类包括会计、金融与经济学等；管理类包括企业管理、工商管理等；工科类包括计算机、电子、机械等；其他专业包括中文、历史、外语、数学、法学等。

表 7-3　　　　　　　　　　调查对象的创业背景

家庭经济状况	类型	困难	一般	良好	合计
	占比（%）	51.07	37.53	11.40	100
就业预期	类型	困难	一般	良好	合计
	占比（%）	40.61	34.20	25.18	100
创业资源来源	类型	家庭	同学	其他	合计
	占比（%）	52.30	35.30	12.40	100
创业前的闲暇时间	类型	较多	一般	较少	合计
	占比（%）	47.03	39.67	13.30	100

注：占比（%）= n/N；其中，n 代表选择该项的人数，N 代表总人数，即 421 人。

二、在校大学生的多元创业动机

高校开展创业教育的目的是提高学生的综合素质，为社会培养优秀的企业家和创新型人才。相比办学者高远明确的教育期望，在校大学生投身创业的现实动机可能更加丰富多彩。在对 6 所高校 120 名创业在校生进行访谈后发现，有 98 名学生（约占 81.67%）认为，自己投身创业是多重动机综合作用的结果。综合被访者的各种创业动机可发现，他们提及的创业动机可被归纳为 7 项：增加收入、素质提升、资源利用、融入创业文化、发挥专业特长、提高就业质量和消遣娱乐（见表 7-4）。

表 7-4　　　　　　各项创业动机占比（n = 421）

动机	增加收入	素质提升	融入创业文化	提高就业质量	资源利用	发挥专业特长	消遣娱乐
占比（%）	85.83	76.67	45.83	43.33	39.16	35.00	9.16

注：占比（%）= n/N；其中，n 代表选择该项的人数，N 代表总人数，即 421 人。由于多数受访者都受到多个创业动机的驱动，因此各项创业动机的人数占比之和是大于 1 的。

结合访谈和文献研究，这 7 项动机的内涵及其所代表的需求根源分别如下。

第一，增加收入，是指在校生期望通过创业增加经济来源，它反映了学生的经济需要。例如，宋逸成等认为，在校生创业动机可分为经济需要和社会需要两类，其中，经济需要主要是为了满足个体生存和对财富的追求，这是大学生创业者原始的动机。[①]

[①] 宋逸成，彭友. 大学生创业动机探析 [J]. 江苏经贸职业技术学院学报，2010（1）：57-60.

第二，素质提升，是指在校生期望通过创业锻炼个人能力，增加社会经验，为毕业后的发展奠定基础，它反映了学生的个体发展需要。例如，徐红、邓银城提出，学生创业反映了对今后事业的具体期望，是学生对个体发展的现实努力。①

第三，提高就业质量，是指学生期望通过创业解决毕业后的就业问题或提升就业满意度，它源自学生的就业需要。例如，钱永红认为，当个体认为未来不会面对就业困难时，创业意向不会太强烈；反之，可能会选择短期有风险但长期有利的个体创业。②

第四，融入创业文化，是指学生期望通过创业融入校园内的创业氛围和群体，它反映了学生的"合群需要"。浓厚的校园创业文化、学校开设的创业教育课程、同学亲友的创业实践等，都可能会对在校生创业产生推动作用。例如，翁细金等认为，创业文化是校园文化的重要组成部分，它包含创业物质文化、创业行为文化、创业制度文化和创业精神文化四个部分。③

第五，资源利用，是指学生拥有现成的创业资源，包括市场渠道、业务指导、技术和社会资本支持等，有利于降低创业成本，实现低风险创业，它源自学生的（经济）安全需要。④ 这些资源通常来自父母，也可来自其他亲友。例如，邓恩（Dunn T.）和霍茨·埃金（Holtz-Eakin D.）指出，父母对子女创业意向的深远影响体现在所具备的创业资源和事业价值观两方面。⑤

第六，发挥专业特长，是指创业学生选择的业务领域与其所学专业高度相关，这样能够发挥专业特长，降低创业成本，同时也能够实践和提升专业知识水平，它反映了学生的专业实践需要。例如，陶明欣指出，知识和技能水平高是在校生创业群体最显著的特征，在校生经历了系统的高等教育，积累了专业

---

① 徐红，邓银城. 地方高校大学生创业心态实证研究［J］. 黑龙江高教研究，2009（2）：134 - 136.

② 钱永红. 女性创业意向与创业行为及其影响因素研究［D］. 浙江大学，2007.

③ 翁细金，夏春雨. 高校校园创业文化建设研究［J］. 中国高教研究，2011（1）：60 - 62.

④ "安全需要"源自马斯洛的《动机论》（1943），是指人们防范生理损伤、疾病、意外事故及经济风险的需要。书中主要指规避经济风险的需要。

⑤ Dunn, T., Holtz-Eakin, D. Financial Capital, Human Capital, and the Transition to Self-employment: Evidence from Intergenerational Links［J］. Journal of Labor Economics, 2000, 18（2）：282 - 305.

知识，保证了其核心竞争力和生存空间。①

第七，消遣娱乐，是指学生为了消遣和打发空闲时间而创业，它反映了学生创业的娱乐需要。尽管这种创业动机不受倡导，但笔者在访谈中发现，确有这种情况存在。这一点在以往的研究中鲜有涉及，因而也是本书调查的一个新发现。

三、在校大学生创业的多元动机权重与行为特征

为量化评价上述 7 项动机对学生走向创业的影响程度，为此，受访者被要求根据自身走向创业的个体经验，运用五级评分法对各项创业动机的重要性进行赋权。学生需评估的创业动机总共 8 项——除上述 7 项动机外，为防止遗漏其他可能存在的创业动机，问卷中还设置了一项"其他动机"供调查者填写。

笔者设置五级统计量表，主要目的是考察某个创业动机的得分总数在总体样本所有得分中的比重，然后进行排序。依据调查结果数据，令第 i 个样本第 j 个动机的重要性程度（权重）得分为 x_{ij}，则每个动机重要性程度的测算模型为：

$$\alpha_j = \frac{\sum_{i=1}^{m} x_{ij}}{\sum_{i=1}^{m} \sum_{j=1}^{n} x_{ij}}$$

综合问卷调查的调查结果，计算 7 种动机的重要性得分并排序，见表 7-5。

表 7-5　　　　　　　　　创业动机重要性排序

素质提升	融入创业文化	增加收入	发挥专业特长	资源利用	提高就业质量	消遣娱乐
22.47%	15.79%	14.08%	13.82%	13.49%	12.77%	7.58%

表 7-5 显示，7 项创业动机的权重排序由高到低依次为：素质提升、融入创业文化、增加收入、发挥专业特长、资源利用、提高就业质量、娱乐消遣。另外，受调查者均未填写"其他动机"，表明上述 7 种动机可以覆盖学生创业的所有动机。

由此可以概括出 6 所高校学生创业的主次动机。上述 7 项动机的权重均值

---

① 陶明欣. 大学生创业行为选择的现状分析 [J]. 现代商贸工业，2010（11）：173-174.

为14.28%（1/7）。基于此，权重超过14.28%的动机可界定为主要动机，权重接近14.28%的动机可界定为重要动机，权重明显低于14.28%的动机可界定为次要动机。不难发现，素质提升、融入创业文化的权重均超过均值，可认为是学生创业的主要动机；增加收入、发挥专业特长、资源利用和提高就业质量的动机权重均与权重均值接近，可认为是学生创业的重要动机；消遣动机权重远小于均值，可认为是学生创业的次要动机。基于此，可构建一个在校生多元创业动机的经验模型（如图7－1所示）。

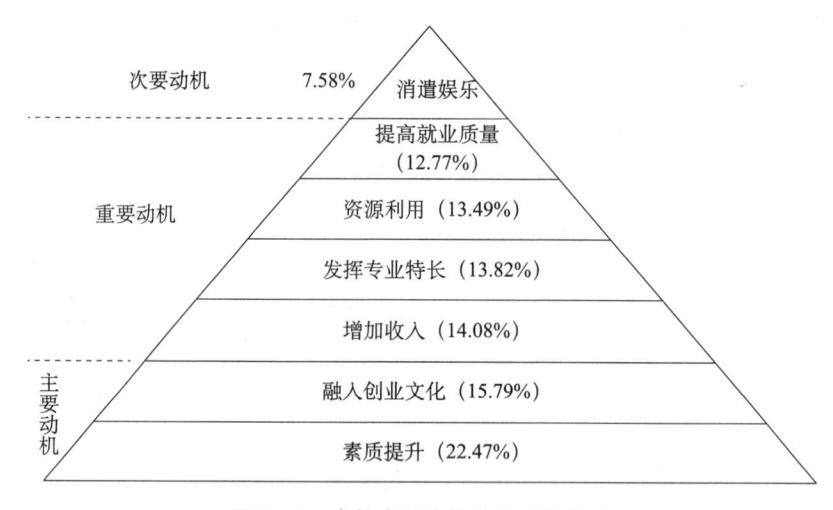

```
次要动机     7.58%    消遣娱乐
                     提高就业质量
                       (12.77%)
重要动机              资源利用（13.49%）
                  发挥专业特长（13.82%）
                    增加收入（14.08%）
主要              融入创业文化（15.79%）
动机
                  素质提升（22.47%）
```

图7－1 在校生创业的多元动机模型

综上所述，7项创业动机的权重排序由高到低依次为：素质提升、融入创业文化、增加收入、发挥专业特长、资源利用、提高就业质量、娱乐消遣。那么，如何理解这种排序结果？如果说动机决定行为，那么这些创业动机又会使在校生的创业行为呈现出哪些特点？

素质提升是在校大学生创业的首要动机。一般来说，经济利益是社会群体创业的首要动机，而在校大学生正值个体发展的最佳时期，提高综合素质是其最大的需求，再加上现代高校倡导学生全面发展，而参加创业能够培养解决实际问题的能力，是促进学生素质发展的有效途径。在学生和学校的合力下，素质提升自然超越经济利益，成为在校生创业的头号动机，这也体现了高校创业教育的成效。因此，在校生创业首先关注的是素质提升，具有非功利性的特点，这也是在校大学生与包括毕业生在内的社会群体创业最大的不同。

融入创业文化也是在校大学生创业的主要动机之一，这反映出创业文化在创业人才培养中的关键作用。心理学理论指出，人的需求是由主观需要和外部刺激共同制约决定的。因此，外部刺激也会诱发或强化创业动机。众所周知，优秀文化具有感染人、引领人和塑造人的作用，而在校生年纪轻，受教育程度高，且离家不久，所以更容易接受新鲜事物，也更渴望群体归属和社会认同。而浓郁的校园创业文化有利于增进学生创业兴趣，并在群体社交中形成示范效应，促使学生主动融入创业氛围。所以，相比社会群体，学生的创业行为和决策更易受外部环境影响，但可能也存在缺乏主见、对困难估计不足的弊端。

增加收入在受访者的创业动机中排第三。在校生创业虽不把经济利益放在首位，但他们同样具有经济需要，更何况多数创业学生的家庭经济条件并不理想。表7-3显示，受调查者中，多数家庭经济状况为"困难"或"一般"，这说明创业学生中贫困生数量较多。而清华大学的两项研究也发现，父母职业为农村生源的创业动机强于城市生源和国企职工子弟[1]；在校创业的大学生中，以维持生计为动机的生存型创业占41%[2]。这说明，家庭经济状况是影响创业动机的重要因素，学生创业同样存在明显的经济动机。

发挥专业特长是受访学生另一重要的创业动机。学以致用是专业学习的根本目的，也是检验和提高专业水平的重要手段，所以专业实践是在校大学生的重要需求。同时，研究表明，学科专业门类对学生创业动机具有显著的影响。表7-2显示，创业学生主要集中在设计类、经济类、管理类、工科类四类专业，其他各类专业仅占20.33%。上述专业中，经管类专业的学生更加熟悉市场经济和企业管理规范，有助于企业运营，而设计和工科类专业的学生，专业学习与实际操作结合密切，有助于减少专利购买和聘请技术人员的投入。因此，相比社会群体，学生创业者的专业背景更强，与其创业行业结合更紧密。

提升就业质量也是学生创业的重要动机。大学阶段是职业的准备期，而高质量就业则是在校大学生的核心需求之一。尤其是近年来大学生就业压力加大，以创业带动就业，已成为学校和学生的共同心愿。表7-3也显示，多数

---

[1] 向辉，雷家骕. 基于ISO模型的在校大学生创业意向[J]. 清华大学学报（自然科学版），2013（1）：122-128.

[2] 郭必裕. 大学生机会型创业与生存型创业对比研究[J]. 清华大学教育研究，2010（4）：70-73.

在校创业的大学生对其就业前景不乐观。所以相对已经步入职业生涯的毕业生和其他社会群体，创业学生往往将创业作为就业的预演和准备，具有自觉的就业能力培养意识。

利用既有资源创业是创业的一大捷径。尤其是在校大学生，经济基础和创业经验匮乏，抗风险能力差，因此保障经济安全也是其重要需求。另外，由于学生的生活环境简单，人际范围窄，既有资源主要来自家庭成员和同学，因而利用资源的权重相对较低。表7-3显示，多数在校创业大学生的创业资源主要来自家庭或同学。所以相比毕业生和社会群体创业，学生创业的社会资本少，创业资源更加依靠同学亲友，业务主要面向校园。

消遣动机是在校生创业的次要动机。这一点在毕业生和社会群体创业中极为少见。相比成人化的社会群体，年轻人有着更多的娱乐需求。而且少数学生空闲时间多，不知如何安排，再加上创业思想不端正，因而用创业来消遣时间。表7-3显示，多数学生在创业前的闲暇时间较多。当部分学生无事可做时，参加创业活动也顺理成章。

综合上述分析，不难发现这样一个规律：在校生的多元创业动机决定了其创业行为具有诸多不同于社会群体的特点，而这些动机和行为又与其正值社会化初期的需求特点，如偏重自我完善和长期发展，寻求群体认同，功利性相对薄弱是相适应的。由此可见，在校生的身心发展需求、创业动机、创业行为三者之间，存在着某种规律性的联系，即学生的身心发展需求决定其创业动机，创业动机又决定创业行为，创业行为最终满足和促进学生的身心发展。即"身心发展需求—创业动机—创业行为—促进身心发展"的作用关系。

第二节 高校贫困生创业的模式与成效

前面对在校大学生创业动机与行为特征的调研对象，既包括贫困生，也包括非贫困生，但在调研结果的统计上，并未刻意区分二者，以反映大学生创业的总体情况。本节将遵循从总体到个别，从一般到特殊的研究逻辑，将贫困生与非贫困生分组进行专项调研，并加以比较，以更深入地认识高校贫困生的创业特点。

一、调查方案

为了充分了解高校贫困大学生创业模式和成效，避免因地区差异带来的影响，2019 年在全国范围内挑选了中、东、西部三个区域，向浙江、重庆、江西高校各 2 所发放问卷，其中，理工科院校 2 所，综合类院校 2 所，财经类院校 2 所。按受调查者的就读学校、专业、性别合理分布原则，对在校创业大学生发放问卷 500 份，回收有效问卷 416 份，回收率 83.2%，其中有效问卷 318 份，有效率 76.4%。在校创业贫困大学生 103 人（32.4%），普通大学生 215 人（67.6%）。

在调查方法上，采用问卷为主、访谈为辅的方式。问卷主要包括四个方面：第一，"学生基本信息"，主要反映调查对象的家庭经济状况和学科专业；第二，"创业模式与业务特点"，主要包括核心创业动机、核心生产要素、启动资金来源和规模、行业领域、业务范围等；第三，"创业成效"，主要反映大学生创业的经济效益和人才培养成效，总结其创业的优势与不足等；第四，"问题、需求与建议"，主要了解大学生创业面临的困难、亟须的帮助和政策建议等。访谈主要采取半结构式方式，访谈对象是 57 位创业学生（其中贫困生 25 位，非贫困生 32 位）。访谈问题主要围绕问卷进行，辅之以创业经验访谈，以对问卷结果进行验证、补充，以及开展成因调查和深入阐述。

二、创业模式分类

高校贫困生创业成效如何，很大程度上取决于创业模式和方法的合理选择。关于创业模式，全球创业观察（GEM）报告撰写者雷诺兹（Reynolds）等最先提出了机会型创业和生存型创业的概念。其中，机会型创业是指那些为了追求一个商业机会而从事的创业活动；生存型创业是那些由于没有其他就业选择或对其他就业选择不满意而从事的创业活动。

机会型创业与生存型创业存在诸多差异。根据郭必裕（2010）的研究，两者的差异体现在：在创业动机上，机会型创业是为了追求商业机会而从事创业的活动，虽然创业者还有其他选择，但由于个体偏好而主动选择了创业，显示出创业者的主动性；而生存型创业则是创业者为了生存，没有其他选择而无奈进行的创业，显示出创业者的被动性。在创业目标上，机会型创业注重新市场，体现出创业市场的潜在性；而生存型创业最常见的是在现有市场中捕捉机会，表现出创业市场的现实性。在带动就业方面，机会型创业面对的是需求多的市场，因此企业未来的发展规模大，生产批量大，就业岗位多；而生存型创业受生活所迫，物质资源贫乏，从事低门槛、低风险、低利润的创业，往往无力用工。在产业升级方面，机会型创业是基于市场创新、科技创新实现创业目标，成为产业结构升级的助推器；而生存型创业从事的是技术壁垒低的行业，对产业结构升级几乎不发挥作用。在对资源的依赖上，机会型新创企业拥有的初始人力资源、技术资源、社会资源等充裕程度要高于生存型新创企业。在创业领域方面，机会型创业很多是利用自主知识产权进行的技术型创业；而生存型创业往往是小型的，分布在零售、汽车租赁、个人服务、保健、教育服务、社会服务和娱乐业等。

综上所述，机会型创业与生存型创业相比，前者是主动，后者是被动；前者是为发展，后者是为生存；前者对资源要求高，后者对资源要求低；前者创业风险大，后者创业风险小；前者针对潜在市场，后者是针对现有市场；前者基于较高技能，后者基于普通能力；前者创造就业岗位多，后者创造就业岗位少。从创业模式的积极作用看，机会型创业对国家产业结构升级、增加就业岗位、开拓市场、拉动消费、增加税收等具有更重要的意义；同时，机会型创业大学生的自我实现动机、独立动机、责任动机、把握机会动机、响应政策动机水平均高于生存型创业大学生，所以机会型创业层次更高。再从中国创业活动的结构特征来看，机会型创业比例由2009年的50.87%提高到2016～2017年的70.75%，创业活动的质量不断提高。

需要指出的是，生存型创业和机会型创业的区分并非泾渭分明。根据李爱国（2014）的研究，一方面，生存型创业和机会型创业在组成要素上具有同构性，即生存型创业中也存在自我实现和机会型创业动机要素，而机会型创业也隐含着明确的生存需要；另一方面，两者之间的差异性仍是主要的，即生存型创业中生存需要占主导地位，发展需要处于从属地位，机会型创业恰好相反。所以，生存型创业与机会型创业的实质区别在于生存型创业和机会型创业的主驱动力存在差异。

三、高校贫困生创业的模式与特点

大学生创业模式取决于创业的核心动机。表 7-6 显示，在创业大学生中，68.9% 的贫困生将"满足温饱，维持生存"作为核心动机，而 70.7% 的非贫困生将"发现机会，实现个人价值"作为核心动机。这表明，多数贫困生创业的生存动机强于捕捉市场机会，其创业模式为生存性创业，而非贫困生则相反，表明其创业模式为机会型创业。在访谈中也发现，多数贫困生创业具有解决生活来源、实现经济自给自足的明确动机，而非贫困生创业的具体动机则更为多元宏大，大多与实现个人价值，发掘商业机会有关。

表 7-6　在校大学生创业的核心动机

在校大学生		满足温饱，维持生存	发现机会，实现个人价值	总计
贫困生	人数	71.0	32.0	103
	占比（%）	68.9	31.1	100
非贫困生	人数	63.0	152.0	215
	占比（%）	29.3	70.7	100

注：问卷中采用"二分法"将问题直接设置为"下列创业动机中，哪一个对您更重要：1. 满足温饱，维持生存；2. 发现了好的商业机会，实现个人价值"。

表 7-7 是对贫困生和非贫困生创业特点的比较，从中可以发现，相比非贫困生，贫困生的创业业务具有以下几个特点。

第一，启动资金更少。表 7-7 显示，在贫困生创业的资金来源中，自有资金（主要来自省吃俭用的生活积蓄和勤工俭学收入）、亲友借贷和合作投资的规模占比分别为 47.6%、24.3% 和 17.5%，其余资金来源很少。非贫困生创业资金来源也比较相似，自有资金和亲友资助的规模占比分别为 46.5% 和 25.6%，但商业贷款比重高于贫困生。2017 年《中国大学生创业报告》显示，大学生创业资金来源占比最高的为自有资金，对政府、学校和社会资金的利用率相对不足，本书调查再次佐证了这一特点。另外，从启动资金的规模看，贫困生创业启动资金较少，多数在 5 万元以下，其中，启动资金在 0～3 万元和 3 万～5 万元的分别占 24.3% 和 45.6%。而普通大学生中，启动资金在 5 万～10 万和 10 万元以上的分别占 42.8% 和 31.2%，明显高于贫困生的投入水平。

第二，技术壁垒更低。表 7-7 显示，在创业行业选择上，贫困生和非贫困生从事高新产业的比例分别为 5.8% 和 8.3%。可见，无论是贫困生还是非贫困生，创业的技术门槛普遍偏低。访谈中发现，大学生创业大多从事商贸、餐饮、基础教育培训等低技术服务业，其原因在于：本科生专业所学不足以形成技术门槛，而硕博研究生虽然掌握了较多的专业知识，但其学业更为繁重，毕业压力较大。此外，学生创业普遍缺乏高新产业创业资源，因而他们主动规避了知识型创业。不过，即使大学生创业的技术门槛普遍较低，但非贫困生从事技术门槛相对较高的教育培训业和IT业的比例也明显高于贫困生。

第三，专业相关度更低。表7-7显示，贫困生创业项目与所学专业的相关度"一般""不太紧密"和"毫无相关"分别占比22.3%、28.2%和20.4%，普通学生为36.7%和16.3%和7.0%。由此可见，大学生项目选择与专业学科相关度普遍不高，但贫困生表现得更为明显。这也可以说明，为何贫困生创业的技术门槛相对低于非贫困生。访谈中发现，创业项目与专业相关度低，很大程度上也是源于贫困生创业资源匮乏，缺乏项目选择能力。

第四，业务范围更窄。表7-7显示，大学生创业业务覆盖面普遍较窄，大多集中在高校校园。但相对而言，贫困生的局限性更明显。这主要表现为46%的非贫困生客户来自大学校园之外，而贫困生的相应比例只有23%。这在一定程度上也体现出生存性创业项目市场狭小的局限性。

表7-7　　在校大学生创业的特点比较　　　　　　　　　单位：%

资金来源	自有资金	亲友资助	合作投资	基金资助	商业贷款
贫困生	47.6	24.3	17.5	5.8	4.9
非贫困生	46.5	25.6	15.3	1.9	10.7
启动资金	0~3万元	3万~5万元	5万~10万元	10万~20万元	大于20万元
贫困生	24.3	45.6	18.4	8.7	2.9
非贫困生	6.0	20.0	42.8	19.1	12.1
创业行业	商贸业	餐饮业	教育培训	高新产业	其他
贫困生	40.7	25.2	15.5	5.8	12.7
非贫困生	32.2	25.6	23.5	8.3	10.4
专业相关度	非常紧密	紧密	一般	不太紧密	毫无相关
贫困生	10.7	18.4	22.3	28.2	20.4
非贫困生	12.6	27.4	36.7	16.3	7.0
客户来源	本校	本地高校	全市	全省	全国
贫困生	41.7	35.0	12.6	7.8	2.9
非贫困生	29.8	24.7	18.1	16.7	10.7
创业方式	团队创业	个人创业	—	—	—
贫困生	68.0	32.0	—	—	—
非贫困生	56.7	43.3	—	—	—

第五，团队创业比例更高。表7-7显示，大学生创业多以团队创业为主，但贫困生选择团队创业的比例更高。可见，由于贫困大学生自身条件的不足，所以更愿意采用和他人合作的方式进行创业，以汲取外界资源，降低创业风险。

通过上面分析可以发现：贫困生创业更倾向于生存型创业，非贫困生更倾向于机会型创业，贫困生创业层次低于非贫困生。从根本上讲，这种差异并非取决于创业者的主观选择，而是由客观条件所决定的——由于贫困生创业资源匮乏，抗风险能力不足，自我效能感弱，再加上急于解决生存问题，回收教育成本，在衡量自身实力与创业风险后，他们往往规避了投资大、获利期长的机会型创业，而被迫选择低技术含量的"短平快"项目。在有限理性的行为决策下，贫困生创业态度更为谨慎，其启动资金多以小额自有资金和亲友借贷为主，从事低成本、低门槛和低风险项目，导致创业与专业所学结合不紧密，业务范围局限于校园。相比之下，普通大学生的创业资源更多，因而更倾向于机会创业，其创业资金更多，创业项目与所学专业结合更为紧密，技术门槛相对更高，业务覆盖面也更广。因此在某种意义上，大学生创业模式的选择和创业行为的特点，都是基于自身条件所作出的理性抉择，具有一定的客观性和必然性。

四、高校贫困生创业的成效与需求

上面分别论述了贫困生和非贫困生的创业模式，那么他们创业的成效如何呢？调查表明，贫困生创业虽然成本低、规模小，但其总体经济效益良好，一定程度上起到了创业减贫的作用；从社会效益来看，贫困生创业提高了在校贫困生的实践素质，基本实现了以创业促人才培养的目标；此外，贫困生创业的短期成效虽然优于非贫困生，但其长期发展潜力可能低于非贫困生，因此贫困生创业亟须经济资助和心理支持。

（一）高校贫困生创业的成效

大学生创业成效的评价标准具有二元性：它既要服从创业成效评价的一般标准，即关于盈利水平的经济标准，又要合乎大学生创业的特殊评价要求，即人才培养标准。这就需要考察创业是否对学生的实践素质和学业发展起到促进作用。这也是高校开展创业教育的宗旨所在。基于此，下面从经济效益和人才培养效益两个维度，要求受调查者对自己的创业成效进行自我评价。

第一，在经济效益方面，贫困生好于非贫困生。表7-8显示，贫困大学生在校创业的经济效益为"保本""良好"和"很好"的比例分别为28%、39%和10.9%，而非贫困生的相应比例为29.3%、20.5%和15.3%。即，近半数的贫困生实现了盈利，约1/4的学生保本，亏损学生只占1/5。在访谈中，几乎所有实现了创业盈利的贫困生都表示，创业后基本实现了经济自给自足。因此总体来看，贫困生创业的经济效益好于非贫困生，起到了一定的减贫作用；贫困生盈利比例相对更高，但大幅盈利和巨亏比例均低于非贫困生。访谈中发现，贫困生创业投入成本低，吃苦耐劳，克勤克俭，又具有风险规避意识，所以总体盈利水平更好，同时由于生存性创业项目利润有限，所以盈利水平也更集中。相对而言，非贫困生大多从事相对高风险高收益的机会型创业项目，再加上少部分创业者还有"玩票"心态，因而导致了总体盈利水平低于贫困生，以及盈利分布的两极化。

第二，在实践素质发展水平方面，贫困生低于非贫困生。国家鼓励在校大学生创业，以及高校开展创业教育的首要目的不是期望把所有学生培养成富翁，而是培养学生敢于创业的精神品格，增强其实践素质。换言之，大学生创业的根本目的还在于促进人才培养质量。因此，大学生创业成效评判不能仅看经济绩效，更要考察其在实践素质和学业发展方面的人才培养成效。

表7-8显示，80%和82%的贫困生和非贫困生表示，创业使其实践素质得到提高，这表明创业对大学生实践素质发展具有显著成效。再进一步看，36.7%的非贫困生认为自身实践素质得到了"很大提高"，远高于贫困生20.4%的相应比例。在创业活动中，非贫困生的实践素质发展水平之所以超过了贫困生，很大程度上是由于创业模式不同所导致的。访谈中发现，多数贫困生所从事的生存性创业项目，对创业者工作能力和素质的要求低于机会型创业项目，这就导致贫困生在创业活动中得到的锻炼相对更少。从长远看，这可能会影响贫困生创业的长期成效和职业发展潜力。

第三，在学业发展方面，贫困生受创业的消极影响小于非贫困生。表7-8显示，创业使得相当一部分学生成绩出现下降，这需要引起学校的高度重视。其中，普通大学生学业退步的比例约为45%，贫困生学业退步比例约为26%。在访谈中了解到，创业会占用学生较多的时间精力，难免影响学习成绩；此外，多数学生的创业项目与所学专业结合不紧密，因而创业对学业进步的积极影响有限。但相比之下，贫困生对学习更加重视。访谈中，绝大多数贫困生表示，学业是日后安身立命和"逆袭"的最终保障，除非创业的经济收益非常可观，否则牺牲学业不值得。相对而言，非贫困生生存压力小，可供选择更多，因而只要创业收益好，部分学生愿意用学业退步换取创业发展。在调查中还发现，有个别非贫困生创业态度不端正，甚至出现了以创业为借口规避学习，导致创业与学业"双输"的局面。正因如此，创业给贫困生学业带来的消极影响相对小于非贫困生。

表7-8　　　　　　　　　　受调查者创业成效情况　　　　　　　　　　单位：%

经济绩效	巨亏	亏损	保本	良好	很好
贫困生	6.8	15.3	28.0	39.0	10.9
非贫困生	11.8	23.1	29.3	20.5	15.3
实践素质	很大提高	有所提高	基本不变	有所降低	很大降低
贫困生	20.4	59.2	16.5	2.9	1.0
非贫困生	36.7	45.1	13.5	3.3	1.4
学业表现	进步很大	有所进步	基本不变	有所退步	退步很大
贫困生	2.9	11.7	57.5	19.2	8.7
非贫困生	2.3	9.8	33.0	36.3	18.6

综合上述分析可以发现，贫困生创业的优势和劣势具有一体两面、"盈亏同源"的特点，它们皆源自其经济条件的匮乏：一方面，由于贫困生经济紧张，生存压力大，所以其创业态度更严肃谨慎，风险规避意识、盈利动机和努力水平更强，创业的即期经济效益也更好，学业也更受重视；另一方面，盈利动机迫切也诱发了贫困生创业的短期行为，他们所从事的生存性创业项目可能会限制自身和业务的长期发展潜力。在这个意义上，贫困生实际上是以自身和创业项目的成长预期为代价，换取了短期经济效益，以维持眼下的生存和发展。

(二) 高校贫困生创业的问题与需求

经济资源匮乏和自我效能感低下，是促使贫困生容易走向生存性创业的两个主要原因，因此其创业需求也主要集中在这两个方面。

第一,贫困生创业资金匮乏,亟须经济扶持。《中国大学生创业报告》连续三年的调查数据显示,制约大学生创业实践的首要阻力因素是资金不足。50%以上创业大学生认为创业的最大阻碍是资金缺乏,三年来高居第一的创业失败原因也是资金短缺。从创业资金的主要来源来看,三年调查占比最高的均为自有资金。这有力证明了资金对大学生创业的重要性和获取难度。

资金对普通学生创业的制约作用尚且如此明显,对经济弱势的贫困生更是如此。本书调查也佐证了这一点。表7-9显示,在创业需求中,贫困生对"资金资源"的需求占比49.6%,位居首位,非贫困生创业需求的相应比例为39.1%。由此可见,大学生创业普遍面临资金不足的困境,但贫困生和非贫困生在匮乏环节上存在结构性差异:普通创业学生的问题更多源自创业中后期的发展资金不足,容易引起资金链断裂和抗风险能力薄弱,而贫困生的创业资金匮乏早在创业启动阶段就得到体现。由于启动资金不足,贫困生很可能会忍痛放弃更好的创业机会,而被迫选择低成本的生存型项目。相较而言,资金短缺对贫困生影响更大,会直接导致其选择生存性创业项目。

第二,贫困大学生自我效能感低,"模糊风险厌恶"水平高,亟需心理建设。除经济条件匮乏外,贫困生创业的另一大问题是自我效能感低。创业自我效能感体现了个体对自己的行为影响创业环境及获得创业成功的信念和信心,是个体的创业意向、创业行为和创业决策形成的决定性变量。创业自我效能感的差异会导致个体创业动机及创业行为分化,高创业自我效能者从事机会型创业,低创业自我效能者选择生存型创业。表7-9显示,贫困生自我效能感"非常高""高""一般""较低"和"非常低"的比例分别为7.8%、15.5%、20.4%、37.9%和18.4%,而非贫困生的相应比例为11.6%、32.6%、31.2%、15.8%和8.8%。由此可见,贫困生的自我创业效能感低于非贫困生。这突出表现在创业创新能力的不足以及对未来的不确定性和面临风险的心理畏惧因素降低了贫困大学生创业能力的发挥。访谈中也发现,贫困生创业前期普遍调低了自我预期,只能承担低风险低成本的创业项目。因此,贫困生创业亟须针对性的心理支持。

表7-9　　　　　　　　　受调查者创业需求与问题　　　　　　　　　单位：%

亟须资源（单选）	经济资源	技术资源	信息资源	人力资源	其他
贫困生	49.6	22.3	13.5	10.7	3.9
非贫困生	39.1	28.4	14.4	12.1	6.0
自我效能感	非常高	高	一般	较低	非常低
贫困生	7.8	15.5	20.4	37.9	18.4
非贫困生	11.6	32.6	31.2	15.8	8.8

第三节　政策建议

在以往的讨论中，有人认为贫困生创业存在先天制约，不宜走上创业之路。然而本书的调研表明，高校贫困生创业经济效益总体良好，起到了创业减贫作用，也提升了其综合素质，学业所受负面影响也相对较小。相比"坐困愁城"的"等靠要"，创业有助于贫困生自强自立，实现个人成长和经济自给，也合乎高校开展创业教育和国家鼓励大学生创业的初衷，而且贫困生创业成功对于提升大学生就业质量、带动社会就业也有积极意义。因此，贫困生创业是值得肯定和鼓励的。

先天经济条件和自我效能感的不足，是导致贫困生创业大多选择了技术门槛低、劳动密集、长期发展具有局限性的生存型项目的关键。今后贫困生可以由生存性创业逐步向机会型创业转型。基于上文的分析，为进一步提高高校贫困生创业质量，其相关措施主要包括以下方面。

第一，强化大学生创业动机管理。其主要措施包括：其一，强化素质提升动机。本书调查显示，绝大多数学生将素质发展作为创业的首位动机。这充分说明，目前高校创业教育整体上在规范的轨道上运行。今后高校应进一步强化在校大学生创业的素质提升动机，切实保障高校人才培养质量。其二，规范经济动机。校方应肯定学生的经济动机，鼓励其通过诚实劳动、智慧经营获取经济回报；同时，也应加强对创业目的的引导，帮助学生正确处理学业与创业的关系，形成正确的创业伦理观，防止出现过分逐利乃至耽误学业的极端现象。其三，培育和引导文化动机。高校应改变以往重硬件、轻文化的偏差，将创业文化作为评价创业教育质量的重要标准。针对学生易冲动的弱点，学校应加强创业风险教育和项目论证，避免学生跟风创业。其四，以创业带动就业。学校应肯定创业学生的就业动机,并将学生的创业指导工作与就业指导工作相结合,以创业带动就业。例如,将创业教育指导中心与就业指导中心合署或合作办公,开设"创业与就业"课程,将校内创业企业作为学生实习和就业基地,等等。其五,重视和拓展创业资源。除了鼓励校内创业资源共享和互助外,学校创业指导部门应积极与校内外取得联系,为创业学生搭建更好的公共创业平台,增加学生的既有资源总量。其六,约束娱乐动机。学校应帮助学生端正创业态度,强化对学生创业项目的审核监督,同时安排健康的文体活动和社会实践,丰富学生的业余生活。

第二,建立政府牵头、高校为主和社会多方参与的贫困生创业经济资助机制,解决创业资金匮乏问题。首先,政府应建立贫困生创业专项补贴机制。社会支持理论认为,物质性支持是社会支持的基础。[①] 加大贫困生的创业经济资助,可使贫困生不因缺乏经济保障而被迫选择创业,也可缓解贫困生急于求成的心态。可尽可能避免贫困生在创业初期项目选择上受经济困境影响从而减少生存型创业,提高机会型创业比例。此外,贫困生创业经济资助体现国家的精准人文关怀,使贫困生在心理上认同感、获得感、自信心增强,从而提高创业自我效能感。目前,国内多数地区都出台了针对大学毕业生创业的专项资助和优惠政策,但这些资助政策仅对大学毕业生有效,并未考虑在校大学生创业的需求。考虑到在校贫困生普遍面临创业资金短缺的困局,其创业更需要帮扶,因此,相关资助和税收优惠措施可以优先惠及在校贫困生创业。例如,可设立"贫困生创业援助基金",专门用于城镇低保家庭、农村贫困家庭和残疾人家庭等在校贫困生的创业启动资金补贴,以及贫困生创业失败后的资金援助等。其次,高校应建立贫困生创业投资资金。一方面,高校可设立贫困生创业资助项目基金,对贫困生创业项目进行资金资助,如给予贫困生创业项目一定年限的无息或低息贷款,贷款到期后根据项目运作情况,决定贷款资金后续用途。此外,高校还可以采用市场化方式,投入自有资金入股贫困生创业项目,学校在经营管理层面提供专业指导和帮助,再将收益用于其他贫困生创业项目资

---

① 社会支持就是社会网络运用一定的物质与精神手段,对社会弱者进行无偿帮助的一种选择性社会行为。卡特纳和罗素(1990)将社会支持区分为物质性支持、情感性支持、社会整合或网络支持、满足自尊的支持和信息支持。

助,进而建立"资金支持—项目指导—资金反哺"的资助循环体系。通过循环体系,高校将被动的无偿资助转变为主动的参与式资助,引导那些有创业意愿但受经济条件限制而无法实施的学生参与到创业活动中来,帮助提高其创业成效。最后,建立健全社会资金参与机制。高校在引导贫困生创业时,资金主要来源为国家财政拨款。但我国高校贫困生基数大,单靠国家资金扶持难以填补创业资金缺口。因此,今后高校扩大贫困生创业资助资金的来源渠道十分必要。在此项工作中,各类社会救助机构可发挥其公益职能,为高校贫困生创业提供一定的项目资金;政府和高校也可加大宣传教育,鼓励有能力的企业、社会团体或个人进行多元化的资金和物质支持,例如,可以采取入股运作的方式,帮扶贫困大学生创业项目孵化。对于贫困生自身来说,应该珍惜创业资金,对资金进行科学合理的规划。学校也应鼓励贫困生在创业成功后,将部分创业收益捐赠给贫困生创业基金,作为其他贫困生创业的种子资金,建立"帮扶—创业—再帮扶"的良性运作机制。

第三,建立心理资助机制,提升贫困生创业自我效能感,塑造其创业型人格。创业自我效能感的差异会导致个体创业动机及创业行为分化,高创业自我效能者从事机会型创业,低创业自我效能者选择生存型创业。[①] 李爱国(2014)研究也发现,自我、环境、总体创业认知差异,即自我效能感存在差异,是影响两者行为选择分化的关键。对于贫困大学生创业帮困不仅仅是提供物质帮助,补齐其心理短板,建设现代性的精神家园才有可能彻底改变贫困状态。目前,多数贫困生由于经济基础薄弱、创业资源贫乏,缺乏勇气和自信尝试创业。因此,首先,在创业教育过程中,应不断肯定并强化贫困大学生的创业优势,鼓励贫困生树立信心,并结合心理咨询、团体辅导等形式,对其消极心理进行疏导和干预,提升自我效能感,激发贫困生创业和模式转型的内生动力,以良好的心理状态走向创业;其次,对于已经走上创业之路的贫困生,应从各方面着手,降低贫困生创业风险,完善外部创业环境支撑体系,激发生存型创业者的高层次需要,降低生存型创业者的创业风险感知,帮助生存型创业者形成高水平的创业自我效能感是推动创业模式从生存型向机会型的转化的

---

① Boyd, N., Gand, G. S. Vozikis. The Influence of Self-efficacy on the Development of Entrepreneurial Intentions and Actions [J]. Entrepreneurship Theory and Practice, 1994, 18 (4): 63-77.

关键。

第四，引导贫困大学生"以学促创"，建立"专创融合"的教育体系。创业成效不仅在于经济绩效，更在于人才培养的成功。针对贫困大学生创业行为短期化、容易忽视学业成长和个人长期发展的问题，高校首先应加大对贫困生创业方向和价值观的引导，鼓励其立志高远，夯实基础，避免急功近利，欲速不达，导致创业不可持续。其次应引导贫困生树立"专业学习乃创业之本"的观念，促进学业创业同步发展。本书调查显示，创业容易对学生学业产生负面影响。庞巴维克（1964）认为，接受了高等教育的大学生，付出了高昂的人力资本购置成本，目的无非是要从事非"迂回"而不能为之的"知识劳动"。生存型创业的贫困生创业更多基于劳动生产要素而非知识要素，况且国内普通大学生创业利用所学专业投入知识要素生产的比例很小，创业教育与专业教育"两张皮"仍然存在。因此，今后高校不仅应建立"专创融合"的教育体系，而且应对贫困生给予特殊培训，培养创新创业思维，帮助其创业模式由"生存驱动"转向"机会驱动"再转向"创新驱动"，达到"以学促创、学创并进"的整合效应。同时，学校还应改进和优化创业教育的内容设置，有针对性地解决贫困生的能力短板，如心理建设、社交礼仪、资源筹集与利用、商务谈判技巧和风险规避等。此外，高校还应为贫困生创业量身定制更完善的学制安排。据调查，22.4%的大学生创业者最希望高校制定"创业算实践学分"的创业政策，以减轻学业压力。[①] 贫困大学生创业压力明显重于非贫困生，高校优化学业安排将有利于缓解其学业压力，实现创业与学业"双轨"推进。

第五，建立以高校为主体的贫困生创业综合帮扶平台，实现"精准式"和"开发式"扶贫相结合。帮扶贫困生创业不能仅局限于物质支持，更应多方发力，搭建综合帮扶平台，实现统筹联动。可成立贫困生创业的高校专职机构。在实际工作中，高校创业中心与学生资助机构交叉甚少，人员、经费基本独立。今后，两机构可联合组建关于贫困生创业的矩阵式帮扶机构（可为虚体机构），连接政府、企业和学校多方资源，落实项目申报、评估、对接、落

---

① 陈姚. 大学生创业多为"机会型创业"而非"生存型创业"[N]. 中国青年报，2019 - 6 - 21.

地等工作环节,搭建创业管理咨询平台,介绍客户和创业导师,帮助贫困生创业扩展社会资本和信息资本。可开展各种形式的贫困生创业帮扶交流洽谈会和管理咨询会,为贫困生创业建言献策,在工商注册、税收减免、场地审批、园区入孵等方面对贫困生创业项目开辟绿色通道等。

综合本书分析,贫困大学生创业模式、成效与转型路径的脉络如图7-2所示。

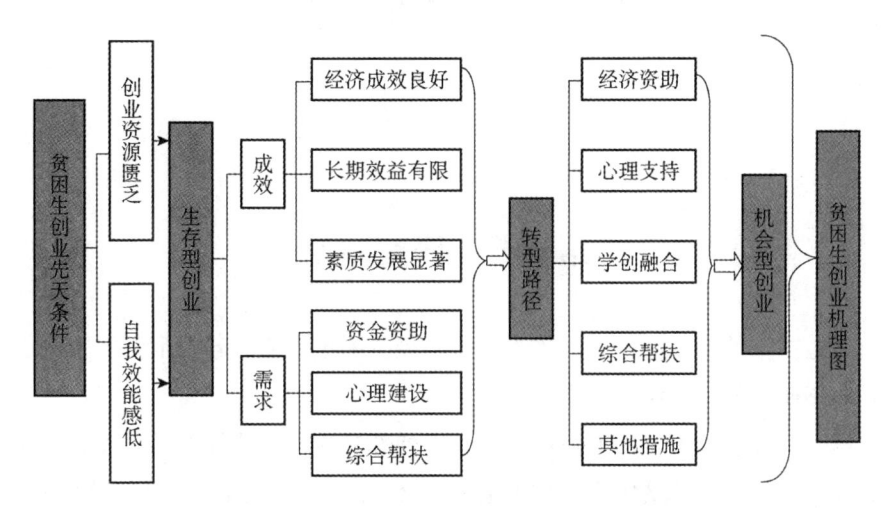

图7-2 高校贫困生创业模式的产生和转型

第八章

结论、创新与展望

第一节　研究结论

通过本书的研究，可以对关于中国高校贫困生就业的若干重要问题作出回答。本书研究的主要结论如下。

第一，高校贫困生的就业质量存在内外部异质性。从外部异质性看，贫困生的就业质量低于非贫困生，但两者相差不大，反映了就业扶贫工作的成效；从内部异质性看，理工科贫困生的就业质量高于人文社科类贫困生，省外就业的贫困生就业质量高于省内就业的贫困生。贫困生就业质量内外部异质性的主因都指向了社会资本。即，贫困生就业缺乏社会关系，导致就业质量低于非贫困生；而在贫困生群体内部，选择理工类就读和省外就业，能规避社会资本匮乏的不利影响，因而其就业质量较高。基于此，可以制定若干提升贫困生就业质量的帮扶措施，如构建和善用贫困生就业质量动态数据库，实现就业帮扶全过程精准化；采取措施强化贫困生的社会资本；制定合理的就学就业策略，优先选择理工科就学和经济发达地区就业；建立多层次的贫困生就业质量保障系统等。

第二，受调查高校贫困毕业生整体就业率达到85%，就业情况较好。首先，国内就业的贫困生人数最多，超过一半的贫困生就业地域在一线城市及沿海地区，其次是二线城市。从收支水平看，一线城市及沿海地区就业的贫困生就业收入明显高于其他地区，但其日常支出也相对较高；留在原生家庭所在地就业的贫困生月收支水平相对最低。其次，高校贫困生就业对家庭经济具有减贫效应：（1）78%的贫困毕业生存在剩余收入，说明多数贫困毕业生具备帮助原生家庭经济减贫的能力，但其能力存在明显差异；（2）78%的高校贫困生就业后资助了原生家庭，促进了家庭经济减贫；（3）52%的贫困生年家庭资助金额达到或超过3457元/年的各地区个人平均脱贫线，即家庭经济减贫的达标率达到52%。（4）78%的贫困生自认为其就业带动了家庭经济减贫乃至脱贫。由此可以认为，高等教育具有反贫困功能。最后，高校贫困生就业的家庭经济减贫效应存在异质性：（1）理科类专业、女性和经济发达地区就业的贫困生的减贫效应分别高于文科专业、男性和非发达地区就业的贫困生；一本、二本、三本贫困生就业的减贫效应递减；就业时间越长，减贫效应越好；家庭因病致贫和因自然灾害因素致贫的贫困生对家庭资助额最大，几乎等同于其剩余收入，其次是因区域经济落后和多子女致贫的贫困生。因此，国家应继续大力发展高等教育，持续推进教育脱贫；经济困难家庭应坚持对高等教育进行积极而理性的投资；高校应大力提升人才培养质量，积极开展精准就业指导和就业帮扶；高校贫困生要树立正确的就学就业观，增强自我发展能力。

  第三，根据典型案例调查的结果，高校贫困生得到的就业扶助资金包括政府给予贫困生的一次性就业补贴、学校给予"双困生"的就业补贴和交通住宿求职补贴，以及社会组织提供的大学生就业资助。其中，高校和社会机构的就业扶助还包括就业辅导等非物质资助内容。从成效看，就业资助降低了贫困生的就业成本，提高了其就业竞争力，缓解了其就业心理压力。另外，高校贫困生就业资助也存在某些问题：首先，贫困生就业扶助资金发放滞后，资助面不足，贫困生意见较大；其次，贫困生就业扶助缺乏部门协作，工作信息传递滞后；再次，贫困生就业扶助缺乏社会各界的参与，力量明显不足；最后，部分贫困生面对就业扶助态度不端正，情绪消极。针对上述问题，今后政府、高校、社会各界和贫困生自身应通力合作，采取相应措施，优化就业扶助机制，提高就业扶助成效。其可能的措施包括：首先，加大对贫困生的就业补助力度，保障求职经济基础，避免贫困生因高额的求职成本而错失就业机会；扩大救助范围，制定就业激励政策，鼓励高校贫困生到特定地区、企业和岗位就业，并制定相关经济补偿激励制度；对长期为贫困生提供就业岗位和实习基地的用人单位给予财政补贴或税费减免,以提高其接收贫困生就业的积极性,拓宽贫困生就业渠道。其次,政府完善高校贫困生就业扶助的评价、监督和激励机制;高校实行全员全程系统化管理,贫困生就业扶助工作由专人负责,丰富贫困生就业扶助的内容,实施针对性的贫困生就业心理辅导;提高社会各界对高校贫困生就业扶助的关注度,借助高校校友会的力量,加强高校与企事业单位的合作;贫困生自身端正就业态度,树立正向的价值观、就业观,积极参与有助于提高就业竞争力的相关活动。

第四,受重大突发事件冲击,高校贫困生就业会周期性或不定期遭遇危机。该问题具有一定的必然性、长期性和普遍性。关于这一点,在2008年金融危机、经济下行放缓和2020年新冠疫情事件中得到了充分体现。为应对危机冲击,世界各国大多采取了一些应对措施。这些措施虽有成效,但多为临时性措施,具有反馈滞后、政出多门,操作不便、缺乏稳定性的弱点。因此,借鉴宏观经济学理念,设计一种具有前瞻性和灵敏性、易操作且能够自动实现"反周期调节"的就业危机应对机制是十分必要的。应用控制论原理,将高校贫困生就业资助与社会失业率挂钩,是缓解高校贫困生就业危机的主要途径。尤其是经济严重紧缩期间,密切关注高校毕业生就业率和社会就业率的变动,并以此为基准加大就业资助和公共就业岗位投放,再辅之以学业资助和生活资助供给量调节,就可以建立起高校贫困生就业的动态调节机制。若就业率降至阈值,则高校就业资助、公共岗位供给和学业与生活资助按特定比例增长,以扶助贫困生求职和生活;同时,一些面向基层的公益性就业岗位也同步面向毕业生招聘,优先让贫困生就业。这样,以政府为管理主体的高校贫困生就业危机应对机制就得以建立。这种就业支持系统合乎国家政策导向,财政运行成本低,具有一定的可行性。

第五,在校大学生的创业动机具有多元性和主次性的特点,7项创业动机的影响权重依次是:素质提升、融入创业文化、增加收入、发挥专业特长、资源利用、提高就业质量和消遣娱乐。这些动机折射出在校大学生在个体发展、经济、就业、社交、娱乐等方面的多种身心发展需求。在校大学生的创业行为还具有诸多不同于社会群体的特点。例如,鲜明的素质提升与能力培养意识、经济动机相对薄弱、专业背景与创业行业结合紧密、易受外部环境影响、创业资源与业务渠道狭小，存在某些态度不端正的现象，等等。因此，在校生的身心发展需求、创业动机、创业行为之间存在着规律性的联系，即身心发展要求决定其创业动机，创业动机又决定创业行为，创业行为最终促进学生的身心发展。

　　大学生创业模式可以被分为生存性创业和机会型创业两种类型。调查发现：高校贫困生在校创业的启动资金多以小额自有资金和亲友借贷为主，从事低成本、低门槛和低风险的项目，业务范围更多局限于大学校园，总体上倾向于生存型创业模式。相比之下，非贫困生更加倾向机会型创业。这种差异是由客观条件所决定的：由于贫困大学生创业资源匮乏，抗风险能力差，自我效能感弱，再加上急于解决生存问题，他们在创业中往往倾向于选择"短平快"的生存型创业项目。调查还表明：由于贫困生经济紧张，生存压力大，信心不足，所以其创业态度更严肃谨慎，风险规避意识、盈利动机和努力水平更强，创业的即期经济效益也更好，学业也更受重视；同时，过于急切的盈利动机也诱发了贫困生创业的短期行为，其生存性创业项目可能会限制自身和业务的长期发展。以这个意义上说，贫困生实际上是以自身和创业项目的成长为代价，换取了短期经济效益。

　　因此，贫困大学生创业总体上应予以肯定和鼓励，但亟须实现由生存型创业向机会型创业的转型。今后应在强化大学生创业动机管理的基础上，建立以经济资助为基础、多种帮扶手段并举的高校贫困生创业精准扶助机制，其相关措施包括：建立政府、高校和社会多方参与的贫困生创业帮扶机制。其具体内容包括：建立政府牵头、高校为主和社会多方参与的贫困生创业资助机制，解决创业资金匮乏问题。首先，建立贫困生创业专项财政补贴机制。例如，可设立"贫困生创业援助基金"，用于在校贫困生的创业启动资金补贴，以及创业失败后的资金援助等。其次，高校应建立贫困生创业投资资金。例如，高校可给予贫困生创业项目一定年限的低息贷款，贷款到期后根据项目运作情况，决定贷款资金后续用途。此外，高校还可以采用市场化方式，投入自有资金入股贫困生的高成长创业项目，学校提供运营指导和帮助，再将收益用于其他贫困生创业项目资助。再次，建立健全社会资金参与机制。各类社会救助机构可发挥其公益职能，为贫困生创业提供项目资金；政府和高校也可加大宣传教育，鼓励社会多方参与创业项目孵化。最后，对于贫困生自身来说，应该珍惜创业资金，对资金进行科学合理的规划。学校也应鼓励贫困生在创业成功后，将部分创业收益捐赠给贫困生创业基金，建立创业基金的循环运作机制。其他措施还包括：建立心理资助机制，提升贫困生创业自我效能感；引导贫困生树立"以学促创，学创并进"观念，建立"学创融合"体系；建立以高校为主体的贫困生创业综合帮扶平台。

第二节 研究创新与展望

本书从多个角度对中国高校贫困生就业问题进行了分析。从研究的具体问题看，本书所涉及的高校贫困生就业质量水平测度、就业收支状况和减贫效应考察、专项就业扶助机制的成效与问题分析、重大就业危机的应对机制构建、创业模式与成效分析等诸问题，在前人研究中均不多见，选题具有较强的创新性，研究成果也有一定深度和新意。再从研究方法看，本书对上述问题的研究大多采用了实证调查方法，相比前人普遍采用的理论分析方法或直观经验分析，更加合乎社会科学研究规范，结论更加准确，不但深化了相关研究，也提升了研究的创新性。

本书的研究也存在一些不足。首先，本书涉及的高校贫困生就业问题较多，研究背景和目的差异较大，对各问题进行研究的起止时间和时代背景也略有不同。尽管笔者力求将这些研究统一在"高校贫困生就业问题研究"的主题下，但本书各章节之间仍不免存在视角和叙事风格不统一的问题。其次，由于本书部分章节覆盖的内容广，引用的政策文本和数据计算甚多，可能存在某些错讹之处。最后，本书开展的调查均为典型案例调查，尽管笔者在调查对象方面已力求保证其代表性，但由于调查面有限，可能会影响某些调查结果的一般性。

从今后相关研究的发展路径看，首先，本书对高校贫困生就业减贫效应的考察，仅从经济收益的视角考察了短期效应，今后还可进一步延伸至长期效应及其非经济收益；由于种种原因，本书对高校贫困生就业减贫效应的异质性，未进行严格的数据计算和比较，而是以直观分析为主，今后应引入分段数据测算方法，予以精准计算。其次，本书对就业扶助问题的研究，仅选择了一所大学作为案例，调查样本不足，今后应进一步扩大调查范围。最后，关于高校贫困生就业危机应对机制的可行性和成效，需要在实践中得到进一步的应用和检验。这些问题都有待在后续研究中进一步展开。

参 考 文 献

[1] [美]罗纳德·G.伊兰伯格,罗伯特·S.史密斯.现代劳动经济学(第十版)[M].刘昕译.北京:中国人民大学出版社,2012.

[2] 宁骚.公共政策学[M].北京:高等教育出版社,2003.

[3] [美]保罗·萨缪尔森.经济学[M].萧琛等译.北京:人民邮电出版社,2004.

[4] [瑞典]冈纳·缪尔达尔.世界贫困的挑战——世界反贫困大纲[M].顾朝阳译.北京:北京经济学院出版社,1991.

[5] 林荣日.教育经济学[M].上海:复旦大学出版社,2008.

[6] 赖德胜.中国劳动力市场报告——包容性增长背景下的就业质量[M].北京:北京师范大学出版社,2011.

[7] 董克用,叶向峰.人力资源管理概论[M].北京:中国人民大学出版社,2003.

[8] 陈灿芬.高校贫困大学生现状研究[M].北京:经济科学出版社,2015.

[9] 王昌松.高校贫困生工作[M].济南:泰山出版社,2008.

[10] 杨东.中国教育公平的理想与现实[M].北京:北京大学出版社,2006.

[11] 杨国洪.大学生资助体系的国际比较与借鉴[M].广州:中山大学出版社,2013.

[12] 麦可思研究院.中国本科生就业报告[M].北京:社会科学文献出版社,2019.

［13］麦可思研究院．中国大学生就业报告（2006—2011）［M］．北京：社会科学文献出版社，2007–2012.

［14］马彦周．大学生发展型资助体系构建研究［D］．华中农业大学，2012.

［15］戴勇．基于就业公平的转型期高校贫困学生就业扶助政策研究［D］．南京大学，2011.

［16］刘艳．中国转型期失业问题的理论与实证分析［D］．西北大学，2009.

［17］张颖．高校贫困生教育援助及其对策研究［D］．武汉大学，2013.

［18］熊小娟．高校贫困生就业扶助研究［D］．江西财经大学，2019.

［19］李丽娟．高校贫困生就业的收支状况及其减贫效应［D］．江西财经大学，2019.

［20］陆小丽．高校贫困生就业扶助政策实施困境及其排解［D］．南京农业大学，2015.

［21］唐佳．增权理论视角下的贫困大学生就业对策研究［D］．长沙理工大学，2013.

［22］曾晓芬．我国高校女硕士研究生就业问题及其对策研究［D］．浙江师范大学．2012.

［23］季俊杰．精准扶贫背景下高校贫困毕业生就业质量的异质性测度与提升策略［J］．教育与经济，2018（3）．

［24］季俊杰，高雅．高校女硕士研究生的初次就业质量测度与性别比较——基于五所高校的调查［J］．研究生教育研究，2016（1）．

［25］季俊杰．高职学生就业能力的影响因素及其权重［J］．职业技术教育，2012，33（31）．

［26］高兴艺．就业质量测度及其对就业数量影响的实证研究：1990—2009［D］．山东大学，2012.

［27］李菲菲．我国大学生就业质量研究［D］．青岛大学，2012.

［28］刘素华．全球化对我国就业质量的影响及走势分析［J］．人口与经济，2007（2）．

［29］刘善仕，李颖，翁赛珠. 大学生就业能力对就业质量的影响［J］. 高教探索，2005（2）.

［30］柯羽. 就业能力对就业质量的影响［J］. 当代青年研究，2010（6）.

［31］史淑桃. 大学生就业质量性别差异渐显的原因与对策［J］. 湖北社会科学，2010（12）.

［32］史淑桃. 高校毕业生就业质量专业差异的比较研究［J］. 黑龙江高教研究，2010（1）.

［33］谢勇. 基于就业主体视角的农民工就业质量的影响因素研究——以南京市为例［J］. 财贸研究，2009（5）.

［34］苏丽锋. 我国转型期各地就业质量的测算与决定机制研究［J］. 经济科学，2013（4）.

［35］赖德胜，石丹淅. 我国就业质量状况研究：基于问卷数据的分析［J］. 中国经济问题，2013（5）.

［36］国富丽. 国外劳动领域的质量探讨——就业质量的相关范畴［J］. 北京行政学院学报，2009（1）.

［37］黄承伟，刘欣. "十二五"时期我国反贫困理论研究述评［J］. 云南民族大学学报（哲学社会科学版），2016（3）.

［38］赵茂林. 中国西部农村"教育反贫困"战略的对策探讨［J］. 理论探讨，2006（5）.

［39］方宝. 三十年来我国高等教育经济功能研究的发展及偏误［J］. 河北师范大学学报（教育科学版），2015，17（5）.

［40］李兴旺，朱超. 教育扶贫理论研究综述［J］. 科教导刊（下旬），2017（1）.

［41］吴迎先. 就业扶贫在精准脱贫攻坚中的作用分析［J］. 人才资源开发，2016（20）.

［42］杨小敏. "教育致贫"的形成机制、原因和对策［J］. 复旦教育评论，2007，（3）.

［43］吴晓蓉，范小梅. 教育回报的反贫困作用模型及其实现机制［J］. 教育研究，2018，39（9）.

[44] 李鹏. 精准扶贫视阈下就业扶贫: 政策分析、问题诠释与治理路径 [J]. 广西财经学院学报, 2017, 30 (6).

[45] 元林君. 我国就业扶贫的实践成效、存在问题及对策探析 [J]. 现代管理科学, 2018 (9).

[46] 吴迎先. 就业扶贫在精准脱贫攻坚中的作用分析 [J]. 人才资源开发, 2016 (20).

[47] 钟云华. 强弱社会关系对贫困大学生求职影响的实证分析 [J]. 高等教育研究, 2007 (12).

[48] 张欢, 王丽. 中西部十省高校贫困生就业愿景调查报告 [J]. 高等教育研究, 2008 (3).

[49] 宋蕊辰. 我国贫困大学生就业问题及其对策探析 [D]. 长春工业大学, 2012.

[50] 毕鹤霞, 沈红. 中国高校贫困生家庭"因何致贫"——基于全国105所高校的实证研究 [J]. 教育与经济, 2010 (4).

[51] 曹海娟. "教育致贫"问题探析 [J]. 教育发展研究, 2010 (11).

[52] 张艳. 高校贫困生心理问题分析与救助 [J]. 江苏高教, 2012 (1).

[53] 张明菊, 李沛武. 高校贫困生认定的现实困境与制度安排——基于制度诚信理论视角 [J]. 黑龙江高教研究, 2016 (8).

[54] 王苏来. 论高校贫困生就业的消极心理及其教育 [D]. 中南大学, 2010.

[55] 梁茵, 车恩利. 贫困大学生就业心理问题分析及对策 [J]. 辽宁教育研究, 2007 (3).

[56] 陈永杰, 卢施羽. 大学生就业困难与"蚁族"的出现: 一个社会政策的视角 [J]. 公共行政评论, 2011 (3).

[57] 董克用, 薛在兴. 高校毕业生人力资本积累对其就业的影响 [J]. 中国行政管理, 2014 (6).

[58] 陈璐. 经济新常态背景下高校就业指导模式的建构 [J]. 思想教育研究, 2017 (5).

[59] 徐晓军. 论社会资本的运作空间 [J]. 华中师范大学学报 (人文社

科版），2003（3）.

［60］林乘东. 教育扶贫论［J］. 民族研究，1997（3）.

［61］钟云华. 人力资本、社会资本与大学毕业生求职［J］. 高教探索，2011（3）.

［62］杨波. 高等教育中的个人成本与收益分析［J］. 人民论坛，2011（17）.

［63］刘志国，James Ma. 劳动力市场的部门分割与体制内就业优势研究［J］. 中国人口科学，2016（4）.

［64］韩丹. 工作满意度："体制内"与"体制外"就业者的比较研究［J］. 社会科学辑刊，2010（6）.

［65］韩雷，陈华帅，刘长庚. "铁饭碗"可以代代相传吗？——中国体制内单位就业代际传递的实证研究［J］. 经济学动态，2016（8）.

［66］葛建纲，涂明峰. 金融危机下的大学生就业力调查［J］. 中国青年研究，2010（6）.

［67］陈和潮. 提高贫困生心理素质探析［J］. 江西财经大学学报，2000（2）.

［68］党振峰. 高校贫困生认定及资助方法初探［J］. 陕西师范大学学报（哲学社会科学版），2007（S2）.

［69］苗国. 生育率下降背景下高等教育扩张与大学生就业困难——从"98亚洲金融危机"到2008"次贷金融危机"［J］. 人口与发展，2010，16（4）.

［70］宋术学. 关于加强高校贫困生心理健康教育的思考［J］. 思想理论教育导刊，2004（5）.

［71］毛晓华. 我国贫困大学生资助体系的完善［J］. 湖北社会学，2011（6）.

［72］马建新. 高校贫困生就业焦虑的现状及对策［J］. 教育与职业，2014（29）.

［73］丁桂兰，周艳华. 高校贫困生认定的现实困境与对策思考［J］. 教育与职业，2010（26）.

［74］丁明秀. 高校贫困生认定工作的实践难题与对策［J］. 教育与职

业，2013（26）．

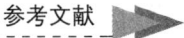

［75］马庆发．提升就业质量：职业教育发展的新视角［J］．教育与职业，2004（12）．

［76］唐师平．教育公平视角下高校贫困生资助体系的问题与对策［J］．教育与职业，2015（23）．

［77］乔心阳，武灵芝．心理学视角下高校贫困生就业心理素质的有效提升［J］．教育与职业，2015（11）．

［78］豆小红，黄飞飞．代际公平、向上流动与"穷二代"大学生的职业发展——以湖南的分析为例［J］．青年研究，2011（3）．

［79］徐晓军．大学生就业过程中的双重机制：人力资本与社会资本［J］．青年研究，2002（6）．

［80］王幼芳．高校贫困生资助体系调查及改革的思考［J］．青年研究，2002（2）．

［81］胡鞍钢，杨韵新．非正规就业：未来就业的发展趋势［J］．中国社会保障，2001（6）．

［82］荣立和，贾春水．贫困大学生就业焦虑状态与应对方式探讨［J］．辽宁教育行政学院学报，2017，34（3）．

［83］梁嘉．高校贫困生就业竞争力提升途径研究［J］．长春教育学院学报，2013，29（24）．

［84］黄梅．高校贫困生全方位资助体系建构研究［J］．江苏建筑职业技术学院学报，2012，12（4）．

［85］杨能良，黄鹏．教育扶贫——我国扶贫的财政学思考［J］．福建财会管理干部学院学报，2002（1）．

［86］柏丽华．高校贫困生就业难的原因及对策［J］．继续教育研究，2011（9）．

［87］曾淑文．经济新常态下大学生就业路径创新［J］．继续教育研究，2017（2）．

［88］董晓绒．新形势下提升高校贫困生就业能力的新思路［J］．中国成人教育，2016（14）．

[89] 孟国忠. 社会支持视域下贫困大学生发展型资助体系的构建 [J]. 中国成人教育, 2017 (15).

[90] 蔡昉. 劳动力流动对市场发育、经济增长的影响 [J]. 人口世界, 2000 (6).

[91] 郑功成. 政府的政策取向与大学生就业难 [J]. 中国劳动, 2006 (4).

[92] 姜策, 李晓安. 贫困大学生就业难的原因分析与对策研究 [J]. 中国大学生就业, 2007 (12).

[93] 桑海云, 谭顶良. 社会工作视角下高校贫困生心理问题及对策研究 [J]. 中国成人教育, 2016 (14).

[94] 李春玲. 疫情冲击下的大学生就业：就业压力、心理压力与就业选择变化 [J]. 教育研究, 2020, 41 (7).

[95] 陈建伟, 赖德胜. 疫情冲击下大学生就业形势变化与对策 [J]. 中国大学生就业, 2020 (11).

[96] 陈建帮. 抗击疫情形势下对大学生就业引导工作的思考 [J]. 中国大学生就业, 2020 (6).

[97] 季俊杰, 陈仕平. 经济新常态对大学贫困生就业的影响及其对策 [J]. 江西科学, 2018, 36 (1).

[98] [1] 季俊杰, 沈红. 基于就业率的学生资助自适应供给系统的构建 [J]. 教育与经济, 2012 (1).

[99] 沈红, 季俊杰. 新经济形势下学生贷款供求矛盾解决方略 [J]. 高等教育研究, 2009, 30 (2).

[100] 沈红, 季俊杰. 经济周期与学生贷款的"反周期供给机制" [J]. 教育研究, 2009, 30 (12).

[101] 王阳. 经济新常态下做好就业工业的政策建议 [J]. 经济研究参考, 2017 (30).

[102] 李清贤, 曲绍卫, 范晓婷. 后金融危机时代我国大学生就业走势研究 [J]. 教育与经济, 2014 (1).

[103] 全国人民代表大会委员会. 中华人民共和国劳动法 [R]. 北京：

中国法制出版社，2014.

[104] 施芝鸿. 逐步适应和习惯当下中国的新常态［N］. 人民日报，2014-10-13.

[105] 季俊杰，刘汉朝. 在校大学生创业的多元动机、行为特征及其管理策略——基于6所大学的调查［J］. 教育与经济，2015（5）.

[106] 蔡莉，尹苗苗，柳青. 生存型和机会型新创企业初始资源充裕程度比较研究［J］. 吉林工商学院学报，2008（1）.

[107] 李爱国. 大学生机会型创业与生存型创业动机的同构性和差异性［J］. 复旦教育论坛，2014，12（6）.

[108] 陈姚. 大学生创业多为"机会型创业"而非"生存型创业"［N］. 中国青年报，2019-6-21.

[109] 胡哲. 大学生创业动机的影响因素［J］. 经济与管理，2014（5）.

[110] 向辉，雷家骕. 基于ISO模型的在校大学生创业意向［J］. 清华大学学报（自然科学版），2013（1）.

[111] 郭必裕. 我国大学生机会型创业与生存型创业对比研究［J］. 清华大学教育研究，2010，31（4）.

[112] 唐承泽，曾灿博，李旭光. 新形势下高职贫困生创业指导［J］. 教育与职业，2016（9）.

[113] 杨小芳，贺武华. 当前高校贫困大学生的优势表现实证调查［J］. 高校教育管理，2012，6（4）.

[114] 卜雪梅，杨桂元. 高校贫困生自主创业：问题与对策［J］. 教育与职业，2012（15）.

[115] 许可，陈福虽，雷芬. 高校贫困生创业的SWOT分析及对策［J］. 湖北广播电视大学学报，2015，35（6）.

[116] Schroede, F. Workplace Issues and Placement: What is High Quality Employment［J］. Work, 2007（4）.

[117] Ghai, D. Decent Work: Concepts, Models and Indicalors［J］. International Institute for Labor Studies, Discussion Paper, 2002（1）.

[118] Beatso. Job Quality and Forms of Employment: Concepts and the UK

Statistical Evidenee [J]. Critieal Soeial Policy, 2000 (5).

[119] Richard Brisbo, How Canada Stakes UP: The Qtlality of Work: an International Perspecfive [Z]. CPRN, 2003 (2).

[120] Harvey Lee. Defining and Measuring Employability [J]. Quality in Higher Education, 2010 (2).

[121] Kariene Mittendorff et al. Students´Perceptions of Career Conversations with Their Teachers [J]. Teaching and Teacher Education, 2011 (27).

[122] Kiomars Mohamadi. Impact of social capital on job satisfaction and quality outcomes [J]. Annual Review of Sociology, 2013 (24).

[123] Kye Woo Lee, Miyeon Chung. Enhancing the Link between Higher Education and Employment [J]. International Journal of Educational Development, 2015 (40).

[124] Po Yang. The Impact of Financial Aid on Learning, Career Decisions, and Employment [J]. Chinese Education & Society, 2011, 44 (1).

[125] Seamus McGuinness, Adele Whelan, Adele Bergin. Is There a Role for Higher Education Institutions in Improving the Quality of First Employment? [J]. The B. E. Journal of Economic Analysis & Policy, 2016, 16 (4).

[126] Dunn, T., Holtz-Eakin, D. Financial Capital, Human Capital, and the Transition to Self-employment: Evidence from Intergenerational Links [J]. Journal of Labor Economics, 2000, 18 (2).

[127] Susan Brody Hasazi, Martha Lentz Walker, Susan Brody Hasazi, Michael Collins, George Salembier. Building and Maintaining Capacity Creating a Statewide System of Professional Development for Supported Employment Professionals [J]. Journal of Vocational Rehabilitation, 1992, 2 (4).

[128] Boyd, N., Gand, G. S. Vozikis. The Influence of Self-efficacy on the Development of Entrepreneurial Intentions and Actions [J]. Entrepreneurship Theory and Practice, 1994, 18 (4).

[129] Anonymous. ITUC: Unions to Davos: Jobs the Missing Link; Employment and Incomes Key to Pulling World Economy out of Tailspin, as ILO Predicts up

to 50 Million Jobs to Go and 200 Million More into Absolute Poverty, as New IMF Figures Herald Global Recession [J]. M2 Presswire, 2009.

[130] Costanza R, Kubiszewski I, Giovannini E, et al. Development: Time to Leave GDP behind [J]. Nature News, 2014, 505 (7483).

[131] Chambers R. Poverty and Livelihoods: Whose Reality Counts [J]. Environment and Urbanization, 1995, 7 (1).

[132] Hung-Yang Lin, Shu-Jung Li, Hui-Fen Hung. A Good Strategy to Pull the Needy out of Poverty? Contracting out the Public Employment Services for the Poor in Taiwan [J]. Poverty & Public Policy, 2014, 6 (3).

[133] Government Reviews Fuel Poverty Strategy [J]. Milne, Roger. Utility Week. 2009 (8).

[134] Sen A. Poverty and Famines: An Essay on Entitlement and Deprivation [J]. Oxford: Clarendon Press, 1981.

[135] Xue Eryong, Zhou Xiuping. Education and Anti-poverty: Policy Theory and Strategy of Poverty Alleviation through Education in China [J]. Educational Philosophy and Theory, 2018, 50 (12).

[136] Men are Poor but Women are Poorer: Gendered Poverty and Survival Strategies in the Dangme West District of Ghana [J]. Charlotte Wrigley-Asante. Norsk Geografisk Tidsskrift-Norwegian Journal of Geography, 2008 (3).

[137] Gang Violence as Survival Strategy in the Context of Poverty in Davidsonville [J]. Cora Burnett. Society in Transition, 1999 (1).

[138] Kelly Nye-Lengerman, Derek Nord. Changing the Message: Employment as a Means out of Poverty [J]. Journal of Vocational Rehabilitation, 2016, 44 (3).

[139] Macroecological Reforms as a Strategy for Reducing Educational Risks Associated with Poverty [J]. John A. Kovach. Journal of Education Policy, 1998 (2).

[140] Richard Brisbo, How Canada Staeks UP: The Qtlality of Work: An International Perspecfive [Z]. CPRN, 2003 (2).

[141] Reynolds, Bygrave, Autio, Cox and Bay. Global Entrepreneurship Monitor. Executive Report [R]. 2002.

[142] European Commission. Employment and Social Policies: A Framework for Investing in Quality [R]. Communication, 2001 (6).

后 记

笔者过去长期从事高校学生资助研究。近年来，鉴于高校资助形势好转和大学生就业形势紧张，笔者开始将研究领域拓展至高校贫困生就业问题研究。这本小书就是对近年来相关研究成果的一个总结。

本书是团队研究的产物。在笔者介入高校贫困生就业问题研究后，鉴于时间精力有限，除独立开展研究外，笔者还以提供选题、思路、部分观点和参与讨论的方式，与我所指导的研究生开展合作研究。因此，本书中的内容，除少数由笔者独立完成外（如第五章），多数由笔者及所指导的研究生合作完成。其中，本书第二、三、四、六章就是分别在刘思、李丽娟、熊小娟和李莹等同学的学位论文调研基础上修改完成的。感谢上述同学对本书的独特贡献。本书出版前，笔者对这些前期研究成果进行了梳理，在加入笔者新近思考的基础上，做了较大幅度的修改和拓展。如今，这些针对高校贫困生就业不同问题的研究成果，都汇集于本书中，静候读者的指正。

本书得以出版，首先感谢我的博士生导师沈红教授，是她将我领入学生资助研究领域，并一直为我提供学术指导；感谢江西财经大学王乔教授、李春根教授、张仲芳教授对专著出版予以的支持和鼓励；尤其要感谢本书的责任编辑顾瑞兰女士的敬业工作；最后也感谢李丽娟、李莹和柴诗三位同学在书稿校对方面所做的大量工作。

高校贫困生就业问题研究一直颇受社会和学界关注，然而，由于学力水平和写作时间有限，再加上研究内容多元，本书在思路整理、结构安排、文字表达方面还有不少遗憾，调研深度和广度也存在欠缺，数据采集和统计可能也有纰漏之处。对于本书的诸多不足，敬请专家和读者批评指正，同时也期待这本小书能够起到抛砖引玉的作用，吸引更多的学者致力于这项研究。

季俊杰

2020 年 8 月